COMMENT DEVENIR UNE MERE JUIVE EN DIX LEÇONS *a été créée le 3 septembre 1983, à Paris (Théâtre de la Gaîté-Montparnasse). Mise en scène de Tooti Masson. Distribution : Marthe Villalonga, André Valardy, Jacqueline Parent, Christophe Otzenberger, Rebecca Potock, André Badin, Dominique Bernard. Décors et costumes : Émile Ghuigo et Valérie Grall. Lumière : François Seite. Assistant de mise en scène : Gilles Thomas.*

Paul Fuks

COMMENT DEVENIR UNE MERE JUIVE EN DIX LEÇONS

Comédie d'après Dan Greenburg

© 2023, Fuks Paul
Édition : BoD – Books on Demand, info@bod.fr
Impression : BoD – Books on Demand, In de Tarpen
42, Norderstedt (Allemagne)
Impression à la demande
ISBN : 978-2-3220-8499-9
Dépôt légal : Mars 2023

C'est la crise !

Rien ne va plus et ça va durer !

Tout a été tenté et a échoué !

Pourtant, il reste une solution :

DEVENONS TOUS DES MÈRES JUIVES !

La tendresse et la mauvaise foi, la cajolerie et la furie, la bonne humeur et la bouderie, sont les chemins de cette ascèse.

Si le concept de « mère juive » n'est qu'un gadget littéraire – les mamans juives n'ayant aucune exclusivité, mais de remarquables records – la tâche n'en est pas moins glorieuse.

Ne privez plus votre famille, votre entourage, la France, le Monde, des bienfaits de l'hyperprotection, de la dramatisation, de la culpabilisation.

Ah, chère culpabilisation, à laquelle nous devons nos joies les plus raffinées !

À l'œuvre, donc !

Et que chacun, juif ou pas, reconnaisse dans cette pièce ce qui lui ressemble et, par la magie du théâtre, s'en amuse.

PERSONNAGES

LA MÈRE
PAPA
DANIEL...........................le fils, conférencier
DANY.......................................…...le fils
ANNETTE....................................…...la fille
…....……………….enfants, adolescents, adultes
GOLDA et
MAURICE.......................…..les amis de la famille
JACQUES......................…..le petit ami d'Annette
LA PETITE AMIE.........................…...de Dany
SUZIE......................…...le grand amour de Dany
LE DOCTEUR
LE PSYCHANALYSTE

DANIEL

Dans un grand amphithéâtre, la quarantaine, allure de savant timide, il s'avance des feuillets à la main.

Monsieur le Ministre, Messieurs les Doyens, Mesdames, Messieurs les professeurs, chers collègues, chers amis, je ne cacherai pas mon émotion alors que je prends la parole aujourd'hui devant vous. Car l'accueil que me fait votre éminente institution par l'attribution d'une chaire d'algébrologie syntagmatique est pour moi un honneur. Et cette leçon inaugurale est la consécration de nombreuses années d'exploration de paramètres nouveaux pour l'humanité.

Plus assuré.

De tous temps, le chercheur œuvre dans la solitude de son laboratoire, loin des foules, des rumeurs, de la gloire et de… MAMAN ! ! !

Fixant une personne du public, il perd contenance et laisse tomber ses papiers qu'il ramasse à la hâte en essayant de reprendre le fil de son discours.

… loin des laboratoires de foule… les rumeurs de solitude et…la gloire… de tous temps… Tu m'avais
juré de ne pas venir ! Et tu es venue quand même ! Ça
ne te suffit pas de m'avoir humilié à ma soutenance
de thèse… en me coupant la parole… pour répondre
à ma place… soi-disant pour m'aider ? Non ? Que
veux-tu encore ? Ficher en l'air ma carrière ?

S'adressant au public.

Je suis confus… Je vous prie d'excuser ce… cet inci-
dent… imprévu. Je reprends mon… ma leçon inaugurale ! De tous temps, le chercheur œuvre dans la
solitude de son laboratoire, loin des foules, des rumeurs, de la gloire et de… Quoi ? Que signifient ces
gestes ? Je suis mal coiffé ? Comment ça ? Je ne comprends pas. Les couleurs ne me vont pas ? Oui, j'ai un
mouchoir ! Mais oui, celui que tu m'as préparé. Et les
chaussettes aussi.

Il soulève le bas de son pantalon.

Oui, les spéciales contre la transpiration ! Dieu du ciel,
que me veut-elle ? Comment ? Tu me parles en yiddish, maintenant ! Évidemment, la discrétion ! (*Au public.*) Elle ne veut surtout pas me déranger, non, non,
non ! Juste me parler, vous saisissez ? Alors, si personne ne la comprend, c'est comme si personne ne
l'entend. Logique, n'est-ce pas ? J'ai honte. Tout sim-
plement, j'ai honte… Non, pas de cache-col ! Non,

même pour te faire plaisir ! Je sais, je sais, je vais tomber malade, mais je ne cèderai pas ! Je vous demande pardon. Ça ne se reproduira plus. Je renonce, heu ! je recommence depuis le début, pour la clarté. *(À toute vitesse.)* Monsieur le Ministre, Messieurs les Doyens… Quoi ? Tu ne dis plus rien ? Réponds, je t'en supplie ! *(Pleurnichant.)* Mais j'ai rien fait, moi. Pourquoi tu m'punis, dis ? *(Après un moment, il éclate.)* Tu es venue, très bien. Tu as voulu m'entendre, tu m'entendras. Foutu pour foutu, tu vas savoir qui je suis ! ET QUI TU ES ! ! ! Vous êtes venus, très bien. Vous avez voulu m'entendre, vous m'entendrez. Foutu pour foutu, vous allez savoir qui je suis et qui est ma mère, MA MÈRE ! MA CHÈRE MÈRE ! ! ! MA MERVEILLEUSE MÈRE ! ! ! MA SAINTE MÈRE ! ! !

> *Il se passe la main sur les cheveux, vérifie sa cravate et poursuit.*

Je ne vous débiterai donc pas les fadaises prévues, mais je vous enseignerai quelque chose d'utile, d'indispensable… *(Cherchant ses mots.)* comment… comment devenir une mère… une mère juive… en dix leçons ! Ah, ah ! Dix leçons ne seront pas de trop ! Allons-y !

> *Après une profonde inspiration, il se lance.*

Vous savez tous que : *(Imitant de Gaulle.)* « Les juifs sont des individus d'élite, sûrs d'eux-mêmes et… dominés par leurs mères ! » Et malins comme vous êtes, je devine vos questions. Est-il nécessaire d'être mère pour devenir une Mère Juive ? Non ! Est-il nécessaire d'être juif pour devenir juif ? Non... mais ça aide ! Le pompier de service, la concierge portugaise, l'épicier du coin ou la bourgeoise de Neuilly, n'importe qui, vous tous, et vous aussi Monsieur le ministre, vous pouvez tous devenir d'authentiques Mères Juives ! ! ! Au travail ! Par quoi, vais-je commencer ? ... Par mon enfance, peut-être ? Évidemment, par mon enfance !

> *Salle à manger d'un appartement modeste. Les enfants se chamaillent. Papa lit son journal yiddish. La Mère est dans sa cuisine.*

Le paysage de mon enfance, c'était avant tout la salle à manger qu'elle appelait *salon*. C'est là qu'on se tenait le plus souvent. Il y avait ma mère – que vous connaissez déjà –, P'pa, Annette, ma sœur de deux ans mon aînée et moi. C'est dans le salon qu'on mangeait, qu'on recevait, qu'on se disputait et qu'est-ce qu'on s'est bien disputés !

> *La Mère entre avec un plat, les sert d'autorité.*

ANNETTE
Merci, Maman.

LA MERE
Je te remercie de m'avoir dit merci.

DANY

Non, M'man, pas de pomme de terre.

DANIEL

Ah, les pommes de terre, quel cauchemar ! Excellente première leçon : *Le Manger* ! Soyez attentifs, car si la Nature a horreur du vide, la Mère Juive l'a encore plus... dans la bouche de ses enfants !

LA MERE

Daniniou, que veux-tu dire par « pas de pomme de terre » ? Crois-tu que je cherche à t'empoisonner ? Papa, que penses-tu de ça ?

PAPA

...

LA MERE

Papa dit comme moi. Obéis-lui.

ANNETTE

Il en veut des patates, il en reveut, mais il ose pas le dire. (*Elle lui tire la langue.*)

DANY

Sale menteuse ! La crois pas, M'man.

DANIEL

LE compromis.

LA MERE
Mon petit Daniniou, juste une petite bouchée !

DANIEL
L'erreur !

DANY
… Euh… d'accord. Mais juste une petite bouchée.

DANIEL
Et mon assiette était aussitôt remplie à ras bords.

DANY
Mais on avait dit « juste une petite bouchée » !

LA MERE
J'ai cru que tu avais oublié.

ANNETTE
Bien fait, lalalaire !

DANY
Toi, ma vieille, fais gaffe !

DANIEL
Le deuxième service.

LA MERE
Là, mon bébé, Maman savait bien que tu les aimerais
ses bonnes pommes de terre. Et si tu en veux plus,

surtout, ne te gênes pas.

DANY

Ah, non, j'en veux plus de tes étouffe-chrétiens !

LA MERE, *sur un ton de comptine.*
Étouffe-chrétiens ? ... Tu ne risques rien !
Mangez les enfants, ça refroidit. (*Elle les sert.*)

ANNETTE

Mange, bébé, mange.

DANY

Je me vengerai. Je te le jure !

LA MERE

On voit bien que tu n'as jamais connu la misère, ni la faim. Si tu avais dû te cacher pendant la guerre, tu ne dirais pas ça.

DANY

C'est quand même pas ma faute, si tu as souffert de la faim avant ma naissance.

ANNETTE

Vous êtes tarés tous les deux. Vous parlez pas de la même chose.

DANIEL

Ma sœur aussi avait raison. Tout le monde avait raison.

Les uns avait raison d'avoir tort et les autres avaient tort d'avoir raison. D'où les problèmes.

DANY

Pourquoi faut tant manger ?

LA MERE

Pour grandir.

DANY

Pourquoi faut grandir ?

LA MERE

Pour devenir des grandes personnes.

DANY

Pourquoi faut devenir des grandes personnes ?

LA MERE

Pour se marier.

DANY

Pourquoi faut se marier ?

LA MERE

Pour que je devienne grand-mère, évidemment !

DANY

Dis, Maman, pourquoi les enfants pas juifs ont des grands-parents et pas nous ?

LA MERE
Elle presse sa main sur sa bouche et se détourne, dos au public.
On sent le poids d'un silence.

DANIEL
Si forte soit la douleur, un jour la gorge se dénoue…

LA MERE
Je… je suis prête pour le troisième service.

ANNETTE
Tu m'en r'donnes, dis, s'te plait ?

LA MERE
Daniniou, prends exemple sur ta sœur.

DANY
Je t'en prie, M'man. Si j'en prends un gramme de plus,
j'explose !

LA MERE
Voyez, comme il déteste mes pommes de terre !

DANIEL
Remarquez comme les commentaires s'adressaient à
un visiteur invisible.

DANY
Non, j'ai pas dit ça…

ANNETTE

Il sait pas ce qu'il dit. Pas vrai, Maman ?

DANY

P'pa, explique-lui que j'ai plus faim, quoi !

PAPA

...

LA MERE

Fais pas souffrir Papa.

DANY

Je le fais pas souffrir, je lui parle.

ANNETTE

Tu parles que pour dire des bêtises !

LA MERE

Moi aussi, je te parle : mange !

Dany

Pas faim.

LA MERE

Avez-vous déjà vu ça ? Je m'abime la santé à lui pré-
parer son plat préféré, juste comme il l'aime…

DANIEL

La tête ! que tu faisais pour parler de tes sacrifices !

LA MERE

… et croyez-vous qu'il en ait la moindre reconnaissance ?

ANNETTE

Pas la moindre. Ingrat ! Égoïste ! Monstre ! Nazi !

DANY

Collabo ! Fayot ! Tu te forces à bouffer rien que pour
plaire à M'man.

LA MERE

Je n'ai pourtant tué ni mon père, ni ma mère pour mé-
riter un enfant pareil !

DANIEL

À la bonne heure, nous y sommes ! Vous avez remarqué ? La cul-pa-bi-li-sa-tion ! La culpabilisation, arme
absolue de la Mère Juive ! Culpabilisez, culpabilisez, il
en restera toujours quelque chose ! Si vous contrôlez
la culpabilité, vous contrôlez l'enfant et pour contrôlez
l'enfant, ne reculez devant aucun moyen ! Elle ne disait pas « Si tu ne manges pas, je te tue ! » Mais elle
avait le chic pour clamer :

LA MERE

Si tu ne manges pas, je ME tue ! (*Elle se précipite vers la
fenêtre.*)

DANY, ANNETTE ET PAPA,
affolés la rattrapent et s'agrippent à elle.
Pardon, pardon ! Reste ! Je mangerai tout ! Pardon, pardon !

DANIEL
Tu ne t'es jamais rendue compte du mal que tu nous faisais. Et tout ça, pour des nouilles ou de la purée !

LA MERE
Non, vous ne me méritez pas ? Si je reviens, c'est pour Papa. Que deviendrait-il sans moi ?

DANY, ANNETTE
Pardon, je recommencerai plus ! Pardon, pardon, pardon…

LA MERE
Maintenant, Dany, sois franc. Aimes-tu les pommes de terre ?

DANY
…Euh… Oui.

LA MERE
Aimes-tu MES pommes de terre ?

ANNETTE
Il adore les patates. Il n'aime que ça, ce plouc !

LA MERE

Calme-toi et réponds-moi gentiment. As-tu trop mangé pour en reprendre ?

DANY

Je te le dis depuis tout à l'heure !

LA MERE

Très bien, cela je le comprends. Mais ne me demande plus de tout jeter à la poubelle. (*Elle range le plat et en apporte un autre.*) Et un dessert, c'est une bonne idée, ça ! Qui veut du dessert ? Je ne force personne, notez bien.

ANNETTE

Moi, moi, du bon dessert, Maman ! J'en veux tout plein, tout plein !

DANY

… Euh, moi.

LA MERE, *après les avoir servis.*

S'il te plaît, mon chéri, prends du pain.

ANNETTE

Prends du pain, mon chéri, s'il te plaît.

DANIEL

Le pain ! L'importance du pain !

DANY

Du pain, avec de la glace au chocolat ?

LA MERE

Un petit bout. Juste pour faire glisser…

DANIEL

Et ne pensez pas que manger se limitait à la table.
M'man ne désarmait jamais.

LA MERE

Ma fille, que dirais-tu d'une petite friandise ? Un bonbon à la menthe ou une rondelle de salami ?

DANY

À ton tour, ma vielle ! je me marre !

ANNETTE

Pas maintenant, Maman. Je n'ai pas faim.

DANY

Toi, pas faim ? Pas possible. Fais un effort !

LA MERE

On n'a pas besoin d'avoir faim pour les bonnes choses.

DANIEL

Voyons, combien de fois par jour, cette charmante maxime nous était-elle répétée ?

LA MERE

Prends des raisins secs. Ou peut-être des amandes ?
Veux-tu que je te coupe un petit morceau de gruyère ?

DANY

Un tout petit petit petit bout !

ANNETTE

Je t'ai déjà répondu, mais comme toujours tu ne
m'écoutes pas. (*Soudain hystérique.*) Tu n'écoutes que
ton fils chéri, ton chouchou ! Mais moi, tu ne
m'écoutes jamais. Jamais ! JE N'AI PAS FAIM ! Tu
m'as entendue maintenant ? Tu veux que je répète ?
Ce n'était pas assez fort ? (*Elle grimpe sur sa chaise et
hurle.*) JE N'AI PLUS FAIM ! ! !

DANY

Calme-toi, Annette. (*Haussant les épaules.*) Ça ne sert à
rien, tu le sais bien.

LA MERE

Écoutez comme elle me parle ! on pourrait croire que
j'allais lui faire une chose affreuse : lui couper un petit
bout de gruyère ! Tâtez-la moi comme elle est maigre !
Mais tâtez-la moi : un vrai squelette ! On pourrait
s'imaginer que sa mère ne lui a jamais donné à manger !... Et Papa, que va penser Papa ?

DANIEL, *chuchote à Papa.*

La tuberculose...

PAPA

...

LA MERE

La tuberculose ! Voilà ce qu'elle va attraper ! Et alors, elle voudra manger, oui, mais on la nourrira... avec un TUBE !

ANNETTE

Oh, cesse de crier. Donne le ton fichu fromage

LA MERE

Oui, régale-toi. Un jour tu sauras ce que c'est que faire manger des enfants. Mais moi, je ne serai plus là...

DANY, *ils se blottissent contre la mère.*
Si, si, M'man ! Tu seras toujours là, toujours, toujours !

La maman berce ses enfants. Bref silence.

Changement de décors. Nous sommes dans un magasin de vêtements en gros, chez GOLDA, Mère et Fils.

DANIEL

De repas en repas, nous avons grandi. Ne croyez pas que ce qui fait grandir les enfants, c'est la bonne nature, la physiologie, les hormones et que sais-je encore ? Non ! Pas du tout ! C'est l'acharnement de la mère à remplir à ras bords le tube digestif de sa progéniture. Et rien d'autre !

Maintenant, pour ceux qui ne le sauraient pas, quand les enfants grandissent, il faut leur acheter des vêtements neufs. Deuxième leçon : *Comment vêtir les enfants qui grandissent.* Comme mon père était dans les boutons pour dames, ma mère nous emmenait chez sa grande amie Golda, qui était grossiste en prêt-à-porter pour hommes, femmes et enfants.

GOLDA
Qu'il est beau, ce petit ! Pou, pou, pou !

LA MÈRE
Oui, c'est tout mon portrait. Si tu savais quelle tête il a ! Toujours premier en classe. Demande-lui ce qu'il veut faire quand il sera grand.

GOLDA
Dis-moi, mon petit, qu'est-ce que tu veux faire quand tu seras grand ?

DANY
Quand je serai grand, je serai directeur de recherche au C.N.R.S.

GOLDA
Tu sais que tu as de la chance, toi ? Mon fils te pistonnera, c'est lui le patron de ton… C.N.R.S. S.S.

LA MERE

Golda chérie, qu'est-ce qui se passe ? Mets-toi à la lumière ! Qu'as-tu fait à tes cheveux ? On dirait une perruque !

GOLDA

C'est une perruque. Mon fils me fait tant de soucis que j'ai perdu presque tous mes cheveux.

LA MERE

Oh, chérie, c'est si naturel ! Je ne l'aurais jamais deviné !

GOLDA

Dis donc, tu n'aurais pas un autre sujet de conversation ? Tu ne voudrais pas un manteau, une veste droite, un chemisier ?

LA MERE

Mais non, je ne viens pas pour moi, mais pour mon idiot de fils. Imagine-toi que ce grand garçon n'est pas capable de s'acheter des habits tout seul.

GOLDA

Ne m'en parle pas. Le mien est marié et il a toujours besoin de moi… Comme son père, d'ailleurs !

MAURICE

Oï, ma tête, ! Ma tête va éclater ! V'là ma migraine qui recommence !

DANIEL

La fine équipe que vous faisiez…

GOLDA

Je lui disais encore hier : « Mon grand, il va bien falloir un jour que tu te décides à devenir un adulte. » Tu ne devineras pas ce qu'il m'a répondu. »

LA MERE

Je t'écoute.

GOLDA

Il m'a répondu : « Je le suis depuis longtemps et il est sorti en claquant la porte. » Tel quel !

LA MERE

Oï ! C'est quand ils n'ont plus leur maman qu'ils l'apprécient.

GOLDA

Alors, ils se rendent compte qu'ils n'ont qu'une maman !

DANIEL

Heureusement ! Une comme ça, ça suffit !

MAURICE

Oï, mon ulcère, mon ulcère ! Ça brûle !

LA MERE

Ma chérie, aurais-tu pour mon Dany un vêtement
qui sera chaud l'hiver et frais l'été,
dont l'étoffe ne s'usera pas,
dont le modèle ne se démodera pas,
dont la couleur ne laissera pas voir les tâches,
avec de grandes poches pour contenir son Quatre
Heures et qui soit deux tailles au-dessus pour que mon
petit grandisse avec ?

GOLDA

Toi, tu peux dire que tu as de la chance ! J'ai très exac-
tement ce qu'il te faut. (*Elle cherche.*) Regarde ! Admire-
moi ça : le modèle, la coupe, la finition ! Tout quoi !

DANIEL

Ne sacrifiez jamais la qualité pour l'économie de
quelques sous. Il fallait voir ma mère mener son en-
quête.

LA MERE, *qui tire le vêtement en tous sens.*
C'est de la bonne qualité, au moins ?

MAURICE

Elle ose demander si ma marchandise est de bonne
qualité ! J'entends de travers, forcément, avec mon
otite double et mon épanchement de synovie…

GOLDA

Premier choix, extra ! Du travail pareil, tu n'en trouveras nulle part ailleurs ! Et je vais te dire une chose, mon fils porte le même, c'est dire !

DANIEL

Attention ! Si un grossiste ou un détaillant, vous dit que sa marchandise est de mauvaise qualité, surtout, ne l'achetez pas !

LA MERE

Dany, essaye.

DANY

Ça sert.

GOLDA

Pas du tout ! C'est une idée. Ce modèle te va à merveille. Il est fait pour toi. Et puis, c'est l'article que je vends le plus cette saison. Tu as de la chance, c'est le dernier qui me reste. Profites-en.

DANY

Mais ça m'étrangle !

MAURICE

Qu'est-ce qui m'arrive ? Ça me fait comme une oppression. De l'air, de l'air ! Ouvrez la fenêtre !

GOLDA

C'est le neuf, dans trois jours le tissu se sera fait et tu m'en donneras des nouvelles. Toutes les filles

tomberont amoureuses de toi. Regarde-moi ça !
Quelle classe !

DANY

En attendant, je peux pas respirer…

LA MERE

Tais-toi, Golda sait mieux que toi. Tu veux me faire
honte après tous les compliments qu'on t'a faits ?

DANY

C'est quand même moi qui étouffe !

LA MERE

Golda, est-ce que ton enfant te parle sur ce ton ?

GOLDA, *rajustant sa perruque.*
Jamais de la vie !

DANIEL

J'avais l'impression d'avoir devant moi deux tanks so-
viétiques ! C'était la culpabilisation par « l'enfant modèle des autres ». Quelle technique ! Merveilleuse technique aussi réversible que les imperméables que con-
fectionnait Maurice. Écoutez bien. Ma mère me donnait en exemple le fils de Golda, qui me donnait, moi,
en exemple à son fils. C'est pas beau, ça ?

*Changement de décors. Nous voici de nouveau
dans le salon.*

LA MERE

Je suis si heureuse de me passer d'un manteau neuf cet hiver encore.

DANY

Mais, M'man, ton manteau est si usé qu'il en est transparent.

LA MERE

Permets-moi de te faire remarquer que là où il n'est pas usé, il est comme neuf. Et figure-toi que j'ai cousu sous la doublure un numéro de *Gala* devant et un numéro de *Voici* dans le dos. Et maintenant, j'ai trop chaud.

DANY

Tu vas attraper la grippe, ma parole. Papa, dis-lui d'être raisonnable !

PAPA

...

LA MERE

Tu me donnes une leçon, maintenant ? Mais regardez qui me fait la morale ! Si tu ne me forçais pas à jeter tout le Manger à la poubelle, j'aurais de quoi m'acheter un habit chaud pour l'hiver.

DANY

J' recommencerai plus, M'man.

DANIEL

C'est beau, la culpabilité…

LA MERE

Bon, tu as gagné. Je vais m'offrir une fantaisie.

DANY

Chic ! Tu vas être belle !

LA MERE

Que veux-tu dire par… « Tu vas être belle » ?

DANY

Non, rien… Je voulais juste dire… Alors, qu'est-ce que tu vas t'acheter ?

LA MERE

Oh, tu me connais, c'est surtout pour faire plaisir à Papa.

DANY

Dis-vite.

LA MERE

J'ai horreur du gaspillage. Mais aujourd'hui, je vais m'acheter un petit rouleau de Scotch… pour réparer mes collants.

ANNETTE (*qui rentre son cartable à la main.*)

Bonjour, tout le monde.

LA MERE

Papa, regarde ta fille ! Il fait plus froid qu'en Pologne et elle se promène en décolleté.

DANY

T'es pas au courant, M'man ? c'est elle qui chauffe la rue. Elle est comme ça…

LA MERE

Oh, j'ai failli oublier. Annette, j'ai une surprise pour toi. Devine ! J'ai sauvé la canadienne de ton cousin Bernard ! Tu ne me croiras pas, sa mère s'apprêtait à la jeter. Heureusement que j'étais là !

DANIEL

Récupérez, récupérez, on ne sait jamais…

ANNETTE

Quel cousin Bernard ?

LA MERE

Le fils de Golda.

ANNETTE

Celui qui a trente ans ?

LA MERE

Quarante. Fais plaisir à Papa, essaie donc cette canadienne.

ANNETTE

Pas question ! Les fringues neuves, c'est pour ton Daniniou, ton préféré. Et pour moi, c'est la récupération.
J'en veux pas de ta loque.

DANY

Jalouse ! T'as qu'à bien travailler en classe au lieu d'aller danser.

ANNETTE

Pauvre type !

LA MERE

Je ne te force pas. Juste pour voir.

ANNETTE

C'est tout vu. Je ne veux pas avoir l'air d'une clo-
charde !

LA MERE

Elle t'ira si bien cette jolie canadienne. Remarque, je
n'insiste pas. Ce n'est pas difficile de l'enfiler un instant devant une glace.

ANNETTE

Ce vieux truc tout pourri qui sort d'une poubelle sur
moi ? Pour rien au monde ! Encore, si c'était la mode !
Même pas !

DANIEL

Erreur !

LA MERE, DANIEL et DANY
Si ce n'est pas la mode, c'est toi qui la lanceras.

DANIEL
Quand les enfants sont nourris et vêtus, vous avez le droit de penser à vous. Si, si ! Le fait d'être une Mère Juive n'implique pas que vous ne vous reposiez jamais. Bien au contraire, prévoyez de vous détendre une heure ou deux... tous les six mois. *La Détente*, beau sujet pour notre... troisième leçon. Commençons par un exemple : une invitation chez votre bonne amie Golda, un soir, disons vers vingt heures. Aussitôt, se pose le problème de l'exactitude : comment... ne pas arriver à l'heure ? Cette question est d'importance majeure : car si l'exactitude est la politesse des rois, ce n'est pas celle du Messie ! Alors, pourquoi se presser ? On arrivera toujours avant Lui !

> *Papa, Annette et Dany sont prêts. Mais pas la Mère qui apparaît vêtue d'un drap de bain, une serviette éponge en turban. Après chaque réplique, elle sort de scène et revient un peu plus vêtue – dans un striptease à l'envers.*

LA MERE
Alors, tout le monde est prêt ? C'est bien sûr ? Mon Dany, tu as pris ton mouchoir ? (*Elle sort.*)

DANY

Oui, regarde.

ANNETTE

Mon Daniniou, t'aurais pas oublié tes chaussettes contre la transpiration ?

DANY

J'oublierai pas de te mettre un coup de pied quelque part.

LA MERE

Papa, tu as mis ton pantalon ?

PAPA, *qui sursaute.*

…

DANY, *regardant sa montre.*

M'man, tu sais quelle heure il est ?

LA MERE, *qui passe la tête.*

Dans une seconde, je suis prête

DANY

Il est 20 h 16

LA MERE

Si je n'avais pas dû aider tout le monde, j'aurais été prête la première.

DANY

20 h 32

LA MERE

Mon chéri, aide-moi à tirer ma fermeture Éclair…
pendant que je finis la vaisselle.

DANY

C'est vraiment pas le moment de faire la vaisselle ! *(Il
se prend les doigts dans la fermeture Éclair.)*

LA MERE

J'ai trois fois le temps de finir la vaisselle avant que tu
n'aies tiré cette malheureuse fermeture Éclair.

ANNETTE

Quel débile, celui-là. Je vais te le faire, Maman ! Bouge
pas. *(Bousculade des enfants.)*

DANY

20 h 45

LA MERE

Papa, tu n'aurais pas dû lui acheter cette montre. Il est
trop jeune.

DANY

20 h 48

Sonnerie du téléphone. La mère décroche.

LA MERE

Allo ! Golda chérie ! Oui, c'est moi… Non… pas un accident de voiture ! Ni un accident d'avion ! Non, rassure-toi. Oui, bien sûr, bien s… calme-toi que je t'ex… que je t'explique… justement… justement, laisse-moi parler, ju…ju… justement, je t'appelais pour te prévenir que j'aurai deux ou trois minutes de retard… Non… Non… Pas plus. Tu sais comment ça se passe chaque fois : je dois tous les aider à s'habiller comme des enfants et personne ne m'aide à finir la vaisselle. J'arrive à l'instant… oui, je t'embrasse, à l'instant !

ANNETTE

On est de plus en plus en retard. Dany, quelle heure ?

DANY

21 h Neuf heures pile.

LA MERE

Croyez-moi, quand nous arriverons à dix heures, nous serons encore en avance !

ANNETTE

C'est incroyable, tu nous obliges toujours à arriver les derniers.

LA MERE

J'ai horreur de me présenter la première à une soirée. Par timidité, je suppose. Je n'y peux rien.

DANY

21 h 04

ANNETTE

C'est avec ta timidité qu'on se fait le plus remarquer.

LA MERE

Toi, tu nous retardes avec tes bavardages. Éteints les lumières. On n'attend plus que toi, Papa.

Papa s'aperçoit qu'il a oublié de lasser ses souliers. Tous l'attendent, puis, ils sortent.

DANY, *voix off*

21 h 12

Ils rentrent tous, poussés par la mère

LA MERE

Rallumez les lumières ! Il faut que les voleurs croient qu'il y a du monde à la maison !

Ils rallument et ressortent Bruits de serrure.

DANY, *voix off*

21 h 15

DANIEL

Les lumières rallumées, elle chassait tout son monde, sortait, fermait la porte et descendait les escaliers.

Bruits de pas qui descendent et s'arrêtent.

DANY, *voix off*

21 h 21 *(Les pas remontent.)*

DANIEL

Elle remontait précipitamment… *(Bruits de serrure, la mère surgit.)*

LA MERE

Dieu du Ciel, le robinet de la baignoire ! *(Elle entre dans la salle de bain et en ressort un seau et une serpillère à la main.)* Le voisin l'a échappé belle ! Vite, on va être en retard !

DANY, *voix off*

21 h 27

DANIEL

Elle sortait, fermait la porte à double tour et descendait les escaliers…

Bruits de serrure et de pas qui descendent.

DANIEL

Elle remontait à nouveau.

DANY, *voix off*

21h 29 *(Les pas remontent, bruits de serrure.)*

LA MERE

Au secours ! Le gaz, le gaz ! On a failli faire sauter le quartier ! Heureusement que je pense à tout !

DANY, *voix off*

21h 31

DANIEL

Elle sortait et dévalait ses escaliers *(Pas qui dévalent.)* Mais… *(Pas qui s'arrêtent.)*

DANY, *voix off*
21h 36 *(Pas qui remontent lentement.)*

LA MERE *(Elle rentre seule, essoufflée.)*
Écoutez les enfants, allez-y sans moi. Avec toutes ces bousculades, vous m'avez rendue malade.

ANNETTE, *voix off*
Non, Maman, on peut pas y aller sans toi ! Pour une fois qu'on sort ! Viens !

LA MERE

Ces petits, ils ne peuvent pas se passer de moi. *(Petit sourire. Elle ressort.)*

DANY, *voix off*
22 h 03' et 10" ! Bravo ! Hourra ! On a gagné ! C'est nous les derniers ! C'est nous les derniers !

DANIEL

Ne croyez pas que nos retards nous étaient reprochés !
Non, car les soirs où Golda était invitée chez nous, elle
arrivait encore plus tard. Alors, me direz-vous, pourquoi se fixer des rendez-vous ? Pourquoi se bouscu-
ler ? Parce que le plaisir des sorties, c'est aussi et surtout cette excitation et que, tout à fait entre nous, l'hys-
térie, c'est le sel de la vie !…
Pour être complet, voyons un autre exemple : les soirs
où M'man recevait…

LA MERE

Quel plaisir, Golda, entre ! Viens, Maurice ! Débarras-
sez-vous. *(Ils s'embrassent.)*

GOLDA

Toi, Papa, tu as bonne mine !

PAPA

…

LA MERE

Et toi, Moïshé, la santé ?

MAURICE

Oh, moi, tu sais, comme toujours : en état de survie
artificielle…

GOLDA

Arrête de te vanter.

MAURICE

Pour te donner une idée, je suis comme un morceau de sucre au fond d'un verre de thé…

LA MERE

Mais tu as l'air en forme !

MAURICE

Oui, mais dans du thé bouillant.

GOLDA

Laisse refroidir.

LA MERE

Ma chérie, il faut absolument qu'un de ces jours, tu me donnes l'adresse de ton coiffeur.

GOLDA

Et toi, celle de ton tailleur, j'ai besoin de serpillères.

MAURICE

Sers-nous plutôt les apéritifs. Il me faut un bon remontant, j'ai de la fatigue asthénique…

LA MERE

Tu as raison, Moïshé. Porto, whisky, Martini ?

MAURICE

Du porto, mais presque pas. À cause de mon foie…

GOLDA

Moi, je prendrais bien une petite vodka.

LA MERE

Comme moi ! *(Elle les sert, sauf Papa.)*

MAURICE

… parce que quand le temps se met à l'orage, figure-toi, mon foie grossit, grossit et se coince entre les côtes et ça, ça fait mal, mais mal !

GOLDA

Et Papa ?

LA MERE

Oh, *(Elle le sert.)* Je ne sais pas pourquoi, j'oublie toujours Papa ! Allez, Le Haïm !

TOUS

Le Haïm !

LA MERE

Je viens d'apprendre une histoire formidable. Vous la connaissez tous, c'est l'histoire du vieux juif !

MAURICE

Non… mais tu sais, ma pauvre mémoire. Mon docteur dit que j'ai les neurones en tire-bouchon et la cervelle comme de la sauce blanche. C'est embêtant, parce que quand le temps se met à l'orage…

GOLDA

Non, l'histoire du vieux juif ? Jamais entendue.

LA MERE

Vous m'étonnez ! Ce n'est pas possible. Une histoire si drôle, l'histoire du vieux juif ! Papa, raconte-la, toi.

PAPA

...

LA MERE

Mais si, Papa, tu la connais. J'en suis certaine. L'histoire du vieux juif, quoi, le moindre pauvre type la connaît ! Vas-y, dis-la. Tu la dis si bien d'habitude. Moi, tu sais que je n'ai pas de talent.

MAURICE

Pas vrai du tout ! Au contraire, tu as beaucoup de talent.

GOLDA

Mais oui, un talent fou… Tout dépend de ce qu'on appelle talent…

MAURICE

Un vrai talent d'artiste. Ne te fais pas prier, ça m'essouffle et alors je…

LA MERE

Non, non, non !

TOUS

Si, si, si.

LA MERE

D'accord, puisque vous insistez. Vous l'aurez voulu ! Cette histoire… je crois bien l'avoir entendue chez Lili. Vous connaissez tous Lili ? Son mari est dans la confection ? Notez, ça ne change rien à l'histoire. En tous cas, Lili l'a elle-même entendue chez son cousin Goldman. Goldman, vous le connaissez au moins de nom ?

GOLDA

Évidemment ! Mais l'histoire, l'histoire ? Si tu as l'intention de la raconter dans un an, je reviendrai.

MAURICE

Ne me fais pas attendre. Tu ne te rends pas compte avec ma vessie et mes intestins qui…

GOLDA

Ça va, ça va !

LA MERE

Voilà, il y a donc ce vieux juif qui réussit à entrer dans une synagogue un jour de Kippour pendant l'office, et le bedeau lui dit : « D'accord, entrez, mais que je ne vous surprenne pas à prier ! » … Oh, je ne vous ai pas dit que le vieux juif n'avait pas du tout l'intention de prier, il voulait juste dire deux mots à son beau-fils, vous saisissez ? Attendez… je ne vous ai pas dit que le vieux juif n'avait pas de place réservée dans cette synagogue. Vous connaissez la foule des jours de Kippour, or le vieux juif n'avait pas de place réservée… Comme je viens de vous le dire, je crois… Bref, il explique au bedeau qu'il doit absolument entrer juste un instant pour dire deux mots à son beau-fils le fourreur, pas le tricoteur, vous savez, rue d'Aboukir ? Il a aussi un cousin au Canada…

GOLDA

Celui qui a épousé la petite Zilberman ? Tu parles si je le connais. À une époque, figure-toi, lui et moi…

LA MÈRE

Mais c'est une autre histoire. Je disais donc, avant d'être si aimablement interrompue, que le bedeau ne veut pas le laisser entrer parce qu'il n'a pas réservé. Aussi simple que ça. Alors, le vieux juif, de plus en plus énervé, se met à faire un scandale, il crie que c'est une question de vie ou de mort, tatata tatata ! Tant et si bien, j'abrège, hein, que le bedeau, pour avoir la paix, dit au vieux juif : « Bon, d'accord, entrez, mais que je ne vous surprenne pas à prier. » *(Rires gênés des invités.)*

DANIEL

Donc, vous ne débuterez jamais votre histoire avant que vos invités ne rampent à vos pieds. Vous multiplierez les digressions avant et pendant l'histoire. Vous commencerez l'histoire par la fin pour la bonne raison que vous vous moquez de l'histoire, le principal étant qu'on vous regarde et qu'on vous admire. Tu ne t'es jamais doutée que les seuls qui s'amusaient vraiment, c'était nous, Annette et moi, cachés derrière la porte !

LA MERE

Ah, je l'ai si mal dite ! Papa, raconte-la, toi.

On s'aperçoit que Papa dort. Embarras.

GOLDA

C'est mon tour d'en raconter une. Est-ce que vous connaissez l'histoire de la vieille juive ?

LA MERE

Non, mais raconte toujours. Ça ne coûte rien.

GOLDA

C'est l'histoire d'une vieille juive qui va à la synagogue un jour de Kippour et qui...

LA MERE

Mais si, je la connais ! D'ailleurs, je la raconte mieux que toi !

DANIEL

Il faut en avoir une santé pour faire un numéro pareil ! D'ailleurs, la Santé est ce qu'il y a de plus précieux au monde. C'est pourquoi, il n'est pas nécessaire d'être malade pour se soigner. Votre ... énième leçon sur *La*

Santé vient de commencer. Envisageons tous les cas de figure possibles. En premier ? La fille ! Une fois Annette nous a fichu une de ces trouilles ! On était déjà adolescents, je crois, et un beau jour, elle a décidé de ne plus manger. Comme ça. C'est simple : Annette n'arrêtait pas de maigrir, M'man n'arrêtait pas de gémir et le docteur n'arrêtait pas de venir. Et moi, j'en avais marre, mais marre !

LA MERE

C'est à cette heure que tu rentres ?

ANNETTE

Quoi, il n'est que huit heures.

LA MERE

Huit heures ? Hier, il était huit heures.

ANNETTE

Ok, il est huit heures et quart. Et alors ?

LA MERE

Et alors, je me suis fait du souci.

ANNETTE

Normal, c'est ta spécialité.

LA MERE

Ma spécialité ?

ANNETTE

Te faire du souci. *(S'excitant.)* Toutes sortes de soucis. Des petits, des moyens, des grands ; des pour les enterrements, des pour les mariages ; des pour les coups durs, des pour les jours de fête ; des pour les mauvaises nouvelles, des pour les bonnes nouvelles. Mais surtout, surtout, la spécialité maison, des soucis POUR RIEN !

DANY

Moins fort, s'il vous plaît, je fais mes devoirs. Pas moyen de me concentrer.

LA MERE

Calme-toi, Annette, je t'en supplie. Le docteur a dit qu'il te faut du calme, beaucoup de calme.

ANNETTE

Alors, tais-toi.

LA MERE

… Il est tard… tu… tu ne veux pas manger… gentiment ?

ANNETTE

Qu'est-ce qu'il y a ce soir ?

LA MERE

Comme d'habitude, que des bonnes choses.

ANNETTE

Si c'est comme d'habitude, je n'en veux pas.

LA MERE

Toi, tu t'es encore bourrée de cochonneries toute la journée !

ANNETTE

Euh… avec les copines, en sortant du lycée, j'ai bu trois Coca !

LA MERE

Oï, j'ai été persécutée par les Allemands, ça va pas recommencer avec les Américains !

ANNETTE

Au secours, les pompiers ! Vite, le SAMU ! Vite, l'hélico ! Vite, un double lavage d'estomac !

DANY

Ça ne va pas, toutes les deux ? Pouvez pas vous contrôler ? On se croirait chez les fous, ma parole ! Et puis, amusez-vous bien. Moi, je vais à la bibliothèque, étudier au calme.

ANNETTE

Fiche le camp dans tes livres. C'est plus facile.

DANIEL

Elle avait vu juste, ma grande sœur.

LA MERE

Papa, que dis-tu de ça ?

PAPA

...

LA MERE

Tu entends. Respecte Papa. Viens à table.

ANNETTE

Non, je préfère jeuner.

LA MERE

Tu te trompes de jour, ma fille. Aujourd'hui, ce n'est pas Yom Kippour.

ANNETTE

Mieux vaut jeuner souvent que d'attraper le cancer.

LA MERE

Moi, j'ai déjà un cancer. Et mon cancer à moi, c'est toi ! Oï, Dieu du Ciel, pourquoi suis-je maudite ? Quels péchés ai-je commis ? *(Elle se précipite vers le téléphone.)* Allo, allo ! Docteur ? C'est moi ! ... Comment : « Quoi Qui Moi ? » Moi, quoi ! ! Vite, vite, cette fois, c'est la tête ! Oui, la méningite ! Je reconnais la maladie, je l'ai eue quand j'étais petite. Je vous remercie infiniment. À toute de suite, docteur.

ANNETTE

Au lieu d'embêter le docteur, tu ferais mieux de prendre une douche froide

LA MERE

Je n'attends pas ta reconnaissance. Je fais mon devoir
de mère.

ANNETTE

Le docteur, il va te faire enfermer, oui ! Remarque, ce
ne serait pas un mal : on te soignerait. Oh, comme ça
me ferait du bien ! Papa, comme ça me ferait du bien !

LA MERE, *qui va ouvrir au coup de sonnette.*

Cher Docteur, merci d'être venu si vite. Par ici. C'est
pour ma fille. Sauvez mon enfant, Docteur ! Elle n'a
que moi au monde !

LE DOCTEUR

Oui, oui, je sais. Laissez-moi seul avec elle. Oui, seul !
(La mère sort à regret.) Alors, Annette, raconte-moi.

ANNETTE

Mais c'est elle, Docteur, c'est elle ! Elle ne me comprend pas. *(Elle pleure.)* Papa et Dany, non plus, ne me
comprennent pas. Personne ne me comprend dans
cette maison.

LE DOCTEUR

Ah, je vois.

ANNETTE

Vous me comprenez, Docteur ? C'est vrai ?

LE DOCTEUR

Je crois. Écoute-moi, Annette. C'est bien connu, les parents, ça ne comprend rien ! Alors, occupe-toi un peu moins de tes parents et un peu plus de toi. Amuse-toi bien avec tes copines, intéresse-toi à trente-six mille trucs, s'il te reste un peu de temps travaille bien en classe et tout ira mieux à la maison. D'accord ?

ANNETTE

D'accord. Mais si vous croyez que c'est facile avec des…

LE DOCTEUR

Je compte sur toi. À bientôt, tu me raconteras. Madame, s'il vous plaît, voulez-vous revenir ?

LA MERE, *qui est déjà là, se tordant les mains.*
C'est grave, Docteur ?

LE DOCTEUR

Rassurez-vous, votre fille est en bonne santé. Mais… donnez-lui quelques vitamines. (*Après un clin d'œil complice à Annette, il rédige sa prescription.*)

LA MERE

Des piqures, ce ne serait pas mieux ?

LE DOCTEUR

Inutile. Et votre Dany, jamais malade, ce gaillard !

LA MERE

Dieu merci ! Avec ses études, il n'a pas le temps. Toujours premier, c'est une tête ! Mais il m'inquiète, il est bien maigre…

LE DOCTEUR

Bon, je vous quitte. J'ai d'autres visites à faire. Rassurez-vous, notre brave Annette ne court aucun danger.

LA MERE

Une belle fille, n'est-ce pas, Docteur ?

LE DOCTEUR

Elle a bien grandi, en effet.

LA MERE

Quel dommage, Docteur, *(elle soupire.)* que vous soyez déjà marié. *(Le docteur se sauve en courant.)*

DANIEL

Le soupir ! Vous avez remarqué le soupir ? Pas mal, hein ? Pardonnez-moi, je ne vous ai pas encore parlé du soupir. Eh bien, si vous désirez sincèrement devenir une authentique Mère Juive, il vous faut posséder à fond l'art du soupir. Car le soupir sera votre meilleur ami et votre allié le plus efficace. Il ponctuera vos propos de son vibrato expressif. *(Démonstration de soupirs)*

Essayez donc Monsieur le Ministre… Voilà… très
bien ! Faites-le venir du point le plus douloureux de
votre être. De cet endroit, tu sais M'man, près de ton
cœur si malade, où ta main se porte dès qu'on te tient
tête.

> *Pendant ce monologue, le docteur est revenu.*
> *Il examine Papa.*

DANIEL

Un jour, P'pa a fait le malade, comme a dit M'man.
Deuxième cas de figure, la Santé du Père.

LE DOCTEUR

Mais si, chère Madame, je vous assure, c'est sérieux !
Et si l'on ne fait pas le nécessaire, ça s'aggravera. Ne
laissons pas traîner.

LA MERE

Quoi ? Qu'est-ce qui m'arrive encore ? Papa, tu crois
que je n'ai pas assez d'ennuis comme ça ? Ça t'amuse,
je parie ! Dieu du ciel, qu'est-ce que j'ai fait pour méri-
ter une vie pareille ? Oï, pauvre de moi !

ANNETTE

Mais on va soigner Papa. Il va se rétablir !

LA MERE

Tais-toi. Le Docteur sait mieux que toi. Et puis, c'est
de sa faute. Je lui dis toujours : « Boutonne ton

pardessus, boutonne ton pardessus. » Mais Monsieur n'en fait qu'à sa tête. Un vrai gosse ! Voilà le résultat quand on n'écoute pas Maman.

LE DOCTEUR

Je ne vois qu'une thérapeutique qui puisse le tirer d'affaire : la chirurgie. Mais je vous dois la vérité : c'est risqué. Monsieur, acceptez-vous de prendre ce risque ?

LA MERE

JE prends le risque !

LE DOCTEUR

J'admire votre courage, Madame. Donc, d'ici l'intervention je conseille le traitement suivant. (*Il rédige une ordonnance.*) Commencez aujourd'hui même. Je repasserai demain.

LA MERE

Comme d'habitude, Docteur ? *(Elle prend son sac.)*

LE DOCTEUR

Oui, Madame.

LA MERE

(À voix basse.) Je devrais prendre un abonnement. *(À voix haute.)* Comment vous remercier ? À demain Docteur. *(Le docteur salue et sort.)* Voyons ce que notre bon Docteur nous a prescrit… Quoi, des antibiotiques ! Il veut nous empoisonner !

DANIEL

Et les jours où le docteur avait voulu éviter les antibiotiques...

LA MERE

Voyons ce que notre bon Docteur nous a prescrit... Quoi, pas d'antibiotiques ! Il nous laisse tomber !

DANIEL

Le cas de figure le plus délicat est sans doute celui de la santé de la Mère Juive elle-même. Une Mère Juive n'a pas le droit d'être malade au nom de trois principes :
Primo : la Santé de toute sa famille ne repose que sur elle, même si...
Secundo : la plus malade, allez, c'est encore elle, et n'importe comment...
Tercio : les Docteurs n'y connaissent rien !
Écoutez bien. Ce n'est pas le moment d'être distrait

LE DOCTEUR

Je vous écoute, Monsieur.

LA MERE

... Euh... cette fois-ci... c'est pour moi.

LE DOCTEUR

Je vous écoute.

LA MERE

Vous savez, si Papa n'avait pas insisté, je ne vous aurais pas dérangé. Ce n'est pas mon genre.

LE DOCTEUR

Qu'est-ce qui ne va pas ?

LA MERE

Rien ! Tout va très bien !… C'est que… Ce serait trop long à expliquer…

LE DOCTEUR

Prenez votre temps. Je ne suis pas pressé.

LA MERE

Vous êtes trop aimable ! C'est que… comment dire ? Ça va trop bien pour aller mal… et ça va trop mal pour aller bien !

LE DOCTEUR

Pourriez-vous… vous expliquer un peu ?

LA MERE

Je vais essayer. La vérité, Docteur, c'est que ce n'est pas mon tempérament de me ronger les sangs, de cultiver les tracas, de me casser les pieds et la tête… Mais c'est mon Destin, je n'espère rien d'autre de l'existence. Vous pensez peut-être que ça me plaît d'être toujours bien déprimée, d'avoir les nerfs comme des fils barbelés et le moral comme de l'eau de vaisselle.

Non, mais que faire si le Ciel en a décidé ainsi pour moi ? Et croyez-moi, *(Rire douloureux.)* ça ne m'amuse pas du tout de parler sur un ton lugubre et d'avoir l'air mortuaire et de gémir sur trois octaves. Mais, Docteur, *(Au comble de l'exaltation, elle se dresse.)* c'est le plus grand plaisir de ma vie ! ! ! *(Se rasseyant et mettant de l'ordre dans ses cheveux.)* C'est grave, Docteur ?

LE DOCTEUR

Rassurez-vous, chère Madame, je ne… dirais pas que c'est grave, non ! Mais ça mérite qu'on s'en occupe.

LA MERE

Mais c'est quoi ? Les glandes, le foie, le sang ?

LE DOCTEUR

Je dirais… plutôt les nerfs.

LA MERE

Papa, tu entends ? Le Docteur pense comme moi : tu dois soigner tes nerfs ?

LE DOCTEUR

Votre mari, peut-être, mais… vous certainement, chère Madame.

LA MERE

Ah, vous croyez.

LE DOCTEUR

Ce ne serait pas du luxe.

LA MERE

Et… que proposez-vous ? Concrètement ?

LE DOCTEUR

Eh bien, vous pourriez aller une ou deux fois par se-maine, pendant un certain temps, chez un docteur – un spécialiste ! Vous vous allongeriez sur un divan pour réfléchir sur ce qui va trop bien et sur ce qui a trop mal.

LA MERE

Un quoi ? Un divan ? Ah, très intéressant ! Et… il me coûterait combien ce divan ?

LE DOCTEUR

Je ne sais pas. Disons… dans les 1000 francs la séance.

LA MERE *Elle se lève, terriblement calme.*

A toïznt ! A mille froncs ! Et pourquoi pas a dix mille, et pourquoi pas a cent mille, a mil-lion, a milliard ? Vous êtes Docteur, je vous fé-licite. Vous diagnostiquez que je suis folle, je ne discute pas. Mais permettez-moi de vous dire ceci : a milliard froncs, deux fois par se-maine, pendant un certain temps : (*Elle hurle.*)

JE NE SUIS PAS FOLLE A CE POINT *(Elle sort.)*

DANIEL

Et comme tu n'as pas voulu payer en ton temps, c'est moi qui ai dû le faire. On n'y échappe pas. Si les parents ne règlent pas leur problème, ils le lèguent. Et ça peut durer pendant des siècles. Les psychanalystes ont beaucoup écrit là-dessus. D'autres appellent ça le karma…

Bon, vous attendez que je vous parle de ma santé. Ma seule vraie maladie fut d'avoir, un jour, quitté la maison de ma mère. J'avais prétexté que les disputes continuelles m'empêchaient d'étudier et si l'on voulait que je continue à être « premier partout », il me fallait une chambre indépendante. L'argument a été magique, j'ai eu la permission, mais j'étais considéré comme un très très grand malade.

> *Dans une chambre d'étudiant, Maman, Papa, Annette attendent. Dany rentre enfin.*

LA MERE

Mon pauvre enfant ! Comme tu es maigre ! Tiens, mange mon Dany !

DANY

Écoute, M'man. Je sors du resto U et je n'ai pas faim du tout. Si j'avais su que tu viendrais aujourd'hui, je serais resté à jeun.

ANNETTE

Dis donc, la grosse tête, t'as ramassé combien de prix Nobel depuis que tu as quitté la maison ?

LA MERE

Maman t'a apporté plein de bonnes choses à manger. *(Elle déballe.)* Dis-moi franchement : as-tu pensé à manger depuis ton départ ?

DANY

Mais je ne suis parti qu'hier. Je n'ai pas eu le temps d'avoir faim.

ANNETTE

Pas eu le temps ? Dis-moi, Don Juan, tu n'as pas dû rester seul longtemps. Je te fais confiance.

LA MERE

Tu as tellement maigri que je ne t'ai pas reconnu. Parole d'honneur, mon enfant, je n'ai pas reconnu mon propre enfant ! Tu te rends compte, Papa ?

PAPA

…

LA MERE

Du moment que Papa lit son journal… Mon chéri, tu rentres à la maison, je te prépare un bon bain, un bon repas et un bon lit, et j'appelle mon nouveau Docteur !

ANNETTE

Le nouveau docteur miracle ! Quelle chance ! Je te promets qu'avec celui-là, tu ne t'en sortiras pas ! Garanti sur facture !

DANY

Pas question ! Maintenant chez moi, c'est ici, et je n'en bougerai pas. Il faut que tu t'y fasses. Un jour ou l'autre, les enfants quittent leurs parents ! C'est la vie.

ANNETTE

Tu as trouvé ça dans quel livre ?

LA MERE

Comme tu veux, comme tu veux. Je ne te contredis pas, tu remarques ? Je te laisse faire, comme toujours. Je disais ça pour ton bien… n'empêche que tu as bien maigri. Tâtez-le-moi, mais tâtez-le-moi…

DANY

Oh, ça suffit ! Tu me tapes sur les nerfs !

LA MERE

Tu sais, ça me plaît, chez toi. Si, si, je t'assure ! Un peu de poussière, c'est pas grave… Un peu de désordre, ça fait moderne… Un peu de vaisselle sale, ça fait des cafards !

DANY

Des cafards ? Montre-moi un cafard, un seul ?

LA MÈRE

Le cafard, c'est moi qui l'ai de te savoir perdu dans cette chambre glacée. Heureusement que ta maman pense à toi. Je t'ai apporté ton pull à col roulé, tes après-skis, tes gants fourrés et... une surprise ! Devine... La canadienne de ton cousin Bernard !

ANNETTE

Ouais ! Super ! Génial ! Cette canadienne, on dirait qu'elle a été faite pour toi, sur mesure ! Les nanas, attention les yeux !

DANY

Ça va durer longtemps, ce cirque ? Ça va durer longtemps, dites-moi ? Je quitte la maison pour enfin respirer, pour étudier tranquille, pour vivre ma vie, pour m'éclater. Et voilà que tu me poursuis jusqu'ici ! Mais où dois-je aller sur terre pour trouver un peu de liberté ? J'en ai ras le bol, tu entends ? RAS LE BOL !

LA MÈRE

À propos de bol, pourquoi n'as-tu pas fait ta vaisselle ? Annette, aide ton frère. Pendant que je téléphone, fais-lui sa vaisselle.

ANNETTE

Quoi ? Moi, faire la vaisselle de ce mec ? Moi ? Tu m'as vue ? Pour qui me prends-tu ? Pour sa bonne. Pour son esclave ? Pour son chien ? Tu n'as que du mépris pour moi, mais pour ton fils chéri-adoré, tu

marcherais sur la tête ! Sur la tête, tu marcherais tout
autour de la terre ! Pour lui, toutes les inquiétudes.
Qu'il lève le petit doigt : « Oï, mon chéri, comme tu as
maigri ! » Alors que moi, j'ai réellement, maigri et tu ne
l'as pas même remarqué ! Moi, je veux qu'on me respecte. J'exige le respect humain le plus élémentaire !
Parce que, même si je suis ta fille, je suis un être humain, figure-toi… Et si tu n'es pas capable de me res-
pecter, va-t'en ! VA-T'EN ! SORS DE CHEZ MOI !
Je ne veux plus jamais te voir dans ma chambre ! Plus
jamais ! *(Réalisant son erreur, elle se trouble.)* Et toi, Papa,
surtout ne dis rien : on risquerait de t'entendre ! *(Elle
sort. Papa s'élance pour la retenir. En vain.)*

DANY
Elle n'a pas tort, tu sais. Tu ne devrais pas…

LA MERE, *qui compose un numéro de téléphone.*
Si tu es avec elle, tu peux la suivre.

DANY
Qui appelles-tu ?

LA MERE
Tu me surveilles, maintenant ? Tu ferais mieux de te
regarder dans la glace.

DANY
Quoi. Qu'est-ce que j'ai ? *(Il se regarde.)*

LA MERE

Tu as maigri. Allô ! C'est dans votre laboratoire que mon fils fait son stage depuis une semaine ?

DANY

Non ! Tu n'as pas le droit ! Je t'interdis ! Raccroche !

LA MERE

Oui, je suis sa maman… sa seule maman…

DANY

Arrête ! Ça dépasse tout ! Tu me ridiculises !

LA MERE

C'est comme ça que tu fais confiance à ta maman ? Oui, écoutez-moi. Si vous saviez comme je l'ai trouvé changé ! Je vous en supplie, c'est une mère qui vous parle. Ne le faites plus travailler aussi dur. Il est si fragile. Soyez humain, pour une fois !

DANIEL

J'ai bien pensé me jeter par la fenêtre, mais je n'ai pas osé. J'ai refait mes bagages et je suis rentré à la maison. J'étais guéri…
Par contre, ce dont je n'ai pas guéri, c'est de mon goût pour l'étude. L'univers des livres m'a toujours fasciné. Je reconnais que, par la lecture, je fuyais les criailleries de la famille. Dans mon domaine de rêves, rien ne pouvait m'atteindre ! Il est vrai aussi que, chez nous, la vraie aristocratie, est celle du Savoir… Tenez, par

exemple, le passage de mon baccalauréat a été suivi avec plus de passion que la traversée de l'Atlantique par Lindbergh. Pendant des mois, toute la famille a marché sur la pointe des pieds, s'interdisant le moindre bruit, même d'éternuer. Tous se retenaient de respirer pendant que moi, seul dans ma chambre, je bouquinais de la science-fiction. Parce que, vraiment pour moi, le bac, ce n'était pas un problème.

LA MERE

Mon chéri.

DANY

Oui, M'man.

LA MERE

Je tiens à te dire combien nous sommes fiers de toi.

DANY

Oui, M'man.

DANIEL

Ça me revient. C'était après la publication des résultats.

LA MERE

Papa et moi, avons eu une longue discussion. À ton sujet.

DANY

Oui, M'man.

LA MERE

Nous avons conclu que tu n'es plus un bébé.

DANY

Tu crois ?

LA MERE

Tu vas te choisir une profession, une carrière.

DANY

Déjà ?

LA MERE

Je tiens à te dire que Papa et moi sommes décidés à ne pas t'influencer, à te laisser choisir en toute liberté. Quel que soit ton choix, nous l'approuvons d'avance. Comme toujours, d'ailleurs. Que tu choisisses d'être, je ne sais pas… c…c…cordonnier par exemple, si c'est ton bonheur, ce sera notre bonheur.

DANY

Oui, M'man.

LA MERE

Et nous pensons, Papa et moi, que ce qui te rendra le plus heureux, ce sera d'être… docteur ou avocat.

DANIEL

Docteur ou avocat, c'était vite dit. Moi, tout m'intéressait et, si j'avais pu, je me serais inscrit dans toutes les facs à la fois. Finalement, j'ai choisi les maths. Je m'y sentais à l'abri. Elle devinait bien que je lui échappais, mais comme c'était pour la bonne cause, elle endurait. Tenez, pour vous donner une idée, quand je rentrais tard le soir après une conférence, son accueil était admirable.

DANY

Tu es encore debout ?

LA MERE

Ah, mon chéri ! Il ne faut pas que tu saches…

DANY

Quoi donc ?

LA MERE

Non, rien. Tu ne dois pas savoir…

DANY

Tant pis.

LA MERE

J'ai passé toute la nuit assise sur mon tabouret.

DANY

Tu exagères, il n'est que minuit.

LA MERE

Je me demandais si je ne te reverrai jamais.

DANY

Enfin, M'man, tu sais bien que tous les premiers mardis de chaque mois, j'ai cette conférence.

LA MERE

Tu veux me faire croire que tu as été à une conférence. Mais ça ne fait rien. Non, ça ne fait rien ! J'ai l'habitude de rester seule. Seule entre mes quatre murs… Tu as faim ?

DANY

Non.

LA MERE

Alors, mange un gâteau.

DANY

Laisse-moi, je t'en prie. Je dois mettre de l'ordre dans mes notes avant de me coucher. Ne me retarde pas. Bonne nuit, M'man.

LA MERE

Bonne nuit, Dany. (*Elle sort… et repasse la tête.*) Si tu changes d'avis, le gâteau est dans le frigo.

> *Elle sort. Après un moment, le père entre, examinant des échantillons de boutons pour dames.*

DANY

Alors, P'pa, tu ne dors pas ? C'est tes insomnies ou c'est M'man qui t'a viré du lit ? *(Il s'approche de son père.)*

PAPA

…

DANY

Ça fait drôle de se parler comme ça, tous les deux, tout seuls… On ne se dit jamais rien de sérieux, toi et moi… Tu n'as vraiment rien à me dire ? Moi, j'ai envie de mieux te connaître. Que pourrai-je raconter plus tard sur toi… au fils que j'aurai ? *(Un silence.)* Tiens, c'est moi qui vais te raconter un souvenir. Un souvenir sur nous deux. Tu te rappelles mes brûlures ? Quand je me suis renversé un bol de chocolat bouillant sur les mains ? J'avais quel âge ? Six ans ? Sept, tu crois ? Dès que j'ai crié, M'man s'est mise à crier encore plus fort, bien entendu ! Mais toi, aussitôt, tu m'as soulevé dans tes bras et tu m'as porté en courant chez le docteur. Tu étais si grand, si fort ! Plus fort que les héros de cinéma ! J'avais l'impression que tous les passants t'admiraient et t'applaudissaient. J'aurais voulu que ça dure toujours ! Je n'avais plus mal du tout et, je te jure, j'étais heureux. Ce jour-là, P'pa, j'avais un père…

> *Lentement, Daniel se dirige vers la porte. Son père se ressaisit, tend le bras pour le retenir, mais Dany est déjà sorti. Trop tard…*

DANIEL

Ah, ce que j'aurais aimé qu'il me réponde, au moins ce soir-là… Tout en aurait été si différent. Pourtant, il parlait, je le sais bien, je l'ai vu, entendu. Il avait une sacrée présence, P'pa, avec ses amis, avec ses clients. Et une sacrée absence à la maison ! (*Silence, puis bourru.*) Bon, j'ai un peu trop parlé du fils dans cette leçon. Ne croyez pas que La Mère Juive se désintéresse des études de sa fille. Bien au contraire. Concentrez-vous.

LA MERE

Alors, ma fille, quand te maries-tu ?

ANNETTE

Maman, combien de fois t'ai-je dit, et combien de fois devrais-je te répéter, que je désire avant tout terminer mes études.

LA MERE

Tes études, tes études, tu ne penses qu'à ça. Pourquoi étudier puisqu'il se fatigue pour toi ?

ANNETTE

Qui se fatigue pour moi ?

LA MERE

Ton futur mari ! Lui, il étudie pour t'offrir une bonne situation, et toi tu lui donneras ce qu'il ne peut pas faire.

ANNETTE

Quoi ?

LA MERE

Des enfants.

ANNETTE

Je ne suis pas une pondeuse d'enfant ! Je suis une femme émancipée, moi ! *(À l'évidence, elle récite.)* Je veux faire des études pour avoir une profession et assumer mon indépendance économique, de façon à m'investir dans une activité créatrice et épanouissante. Ensuite, si je rencontre un homme qui saura être un égal, un compagnon, je ne refuserai pas d'avoir des enfants. Quand nous le choisirons. En tout cas, je ne serai jamais une Mère Juive, moi !

LA MERE

… Je n'ai pas ton instruction et… je ne suis plus très jeune. Mais sache-le, moi aussi je suis résolument pour l'émancipation de la femme. Ça me donnerait plus de temps à consacrer à mes enfants, à ma maison… Et à mon mari, surtout !

DANIEL

Ne nous cachons pas la vérité : une mère n'est pas éternelle. Votre fils a beau avoir décroché une belle collection de diplômes et la mention *formidable* pour sa thèse – bien que soutenue dans des circonstances… disons particulières –, votre fils sera toujours un enfant et toujours il aura besoin de vous. Qui veillera sur lui quand vous ne serez plus ? Vous devez donc marier votre fils ! Faut dire que pour moi, M'man a déployé son savoir-faire habituel…

DANY, *fier de son complet neuf.*
Bonjour, P'pa ! Bonjour, M'man !

LA MERE
Oï, tu es si beau que je ne t'ai pas reconnu ! *(Après l'avoir examiné sous tous les angles.)* Quelle horreur, tes oreilles ! Mais regarde donc dans tes oreilles ! Crois-tu qu'une femme sensée accepterait d'épouser un enfant… je veux dire un homme qui a de la cire dans les oreilles ?

DANIEL
Et tout était bon pour m'inculquer – je devrais dire *m'inculper* – les bonnes manières indispensables pour conquérir le cœur d'une jeune fille convenable – c'est-à-dire, en tous points semblable à elle.

LA MERE
Tiens-toi droit ! Tu t'imagines que j'aurais épousé un bossu ?

DANIEL
Attention ! Je vous parle de mariage, pas de sexualité ! Qu'allez-vous chercher !

LA MERE, *lui donnant de l'argent de poche.*
Et pas de bêtises avec les filles !

DANY
Mais je ne suis plus un gamin ! Une bonne fois pour
toutes, M'man, il faut qu'on s'expl…

LA MERE
Le sexe ??? LE SEXE ! ! ! ENCORE LE SEXE ! ! ! Le
sexe par-ci, le sexe par-là ! De nos jours, les gens n'ont
que le sexe à la bouche ! Quelle époque ! Mais qui a
besoin de sexe ? Qui ? Est-ce que moi, j'ai besoin de
sexe ? Est-ce que Papa a besoin de sexe ? Papa, as-tu
besoin de sexe ? *(Vigoureux OUI de la tête.)* NON,
BIEN SUR ! Qu'est-ce que c'est que cette nouvelle
mode ? De mon temps, crois-moi, on savait déjà faire
des enfants, mais on ne s'empoisonnait pas la vie avec
le sexe !

DANY
Calme-toi, M'man ! Tu ne penses pas que, pour te faire
des petits-enfants, le sexe pourrait avoir une certaine
utilité ?

LA MERE
Mon chéri, crois-en mon expérience. Simplifie-toi la
vie : oublie le sexe et marie-toi. Tu iras tous les jours à
ton travail, tu rapporteras l'argent à ta femme, tu feras
les courses, tu achèteras le journal, tu feras la cuisine,
tu dresseras la table, tu feras le service, tu desserviras

la table, tu feras la vaisselle, tu feras la lessive, tu feras le repassage, le raccommodage, le nettoyage, le brico-lage, – j'abrège, hein, – tu repriseras les chaussettes, tu recoudras les boutons, tu tricoteras, tu passeras l'aspi-rateur, tu nettoieras les toilettes, tu laveras les vitres, la moquette, la voiture, tu rangeras les placards, tu rem-placeras les ampoules électriques grillées, tu videras la poubelle, tu changeras l'eau des vases, tu arroseras les plantes, tu feras des confitures, des pâtisseries, tu nourriras le canari, le chat, la tortue, tu sortiras le chien, tu changeras la litière du chat, – je passe sur mille détails – tu conduiras les enfants à l'école, tu les aideras à faire leurs devoirs, tu les feras réciter, tu iras voir les professeurs, tu emmèneras les petits chez le docteur, au sport, chez le docteur, au cours de violon, chez le docteur, au cours de piano, chez le docteur, au coiffeur, chez le docteur, chez le dentiste, chez l'ORL, chez le vétérinaire, tu répondras au courrier, tu tien-dras les comptes, tu régleras les factures, tu payeras les impôts, tu répondras au téléphone, – j'en passe, j'en passe –, tu n'oublieras pas de lui offrir des fleurs, des cadeaux, des bijoux, des toilettes, tu l'emmèneras au spectacle, tu lui offriras des vacances – pendant que tu garderas la maison – et elle, elle, pour te récompenser, elle te fera des enfants, plein d'enfants. Et tu seras heu-reux, tellement heureux ! Honnêtement, où vois-tu du sexe ?

DANY
Et si je me faisais moine ? C'est une idée, ça. Mieux !

si j'allais me jeter dans la Seine, là, tout de suite ? Pourquoi attendre ?

LA MERE
Sans oublier de cirer les chaussures, bien sûr…

DANIEL
Résultat, j'étais timide, mais timide ! Vous ne pouvez pas savoir !

DANY et la Petite Amie entrent et allument la lumière.

LA PETITE AMIE
Ce que j'ai soif ! T'aurais pas du Coca… ou autre chose ?

DANY
Parle pas si fort ! Tu vas réveiller ma… tout le monde. Bouge pas, je te sers.

LA PETITE AMIE, *déjà assise.*
Et toi, tu ne t'assieds pas… pour boire ?

DANY
Euh, si…

LA PETITE AMIE
Viens à côté de moi, tout de même ! Ce qu'on est bien,

là ensemble. Tu ne trouves pas ? … Dis-moi, tu as remarqué mes lentilles de contact ?

DANY

Non, pas du tout.

LA PETITE AMIE, *elle l'enlace.*
Regarde de plus près, encore plus près !

DANY, *qui s'écarte vivement.*
Si, si, je les vois ! Je les vois très bien. Elles sont ma-
gnifiques… Je parie qu'elles ne te gênent pas pour
voir !

LA PETITE AMIE
Dis, entre nous, tu as déjà fait l'amour avec une
femme ?

DANY
Moi, euh … euh … bien sûr !

LA PETITE AMIE
Alors, embrasse-moi, idiot !

DANY
Chut ! Moins fort ! Tu veux réveiller ma mère ?

LA PETITE AMIE
Mais non, n'aie pas peur. Reviens. Là… *(Elle lui passe
la main dans les cheveux.)* Tu es un drôle de garçon. Tu

me plais bien… Tu me plais de plus en plus. Et moi,
je te plais ?

DANY

Euh… de plus en plus. *(Il se dégage.)* En ce moment…
je lis un livre extraordinaire !

LA PETITE AMIE, *déçue.*

Ah, un livre…

DANY

Matérialisme et empiriocriticisme, tu connais ?

LA PETITE AMIE

Oui. C'est de Victor Hugo. Il est passé à la télé, l'autre
soir.

DANY

Mais non, c'est de Lénine ! Trapu, d'accord, mais
d'une force ! Je te le passerai…. Euh… Et avant, j'ai
lu *L'état et la révolution.* Alors, là, je dis génial ! Écoute
ça, page 76 : « Nous nous assignons comme but final
la suppression de l'État, c'est-à-dire de toute violence
organisée et systématique exercée sur les hommes, en
général. » Admirable, prophétique ! Et d'une actualité !
Qu'en penses-tu ?

LA PETITE AMIE

Ce que j'en pense ? *(Elle se lève.)* J'en pense que c'est

bien ça de vouloir faire la révolution. Mais dis-moi, mon grand, tu as la permission de ta maman ?

Elle sort. Dany se prend la tête à deux mains, prostré.

DANIEL

Avec l'éducation que j'avais reçue, ma façon de vivre ma sexualité était de ne pas la vivre. Certes, je pouvais à loisir faire de beaux discours, m'exalter aux délires du père Lénine, réciter Aragon avec lyrisme, mais quant à passer aux choses sérieuses, l'idée ne m'en venait pas, du moins pas au bon moment. Tant le verrouillage était serré. Je n'arrive pas à me le pardonner… Heureusement, cette petite amie-là ne s'est pas découragée. On s'est revus. Et comme ma mère m'avait appris à tout lui dire, même mes histoires de filles, une fois de plus, elle m'a *aidé*. Prenez-en de la graine, ce sera notre leçon *Comment marier le Fils*.

LA MERE

Elle est juive ?

DANY

Oui, je crois. Mais c'est sans importance.

LA MERE

Et elle n'a pas de nom, cette fille sans importance ?

DANY

Si, Léman. Comme le lac.

LA MERE
Mais avant, ses parents s'appelaient comment ?

DANY
Lehmann.

LA MERE
J'aime mieux ça… Et où est-elle née ?

DANY
À Paris.

LA MERE
Et ses parents ?

DANY
À Paris.

LA MERE
Et ses grands-parents, à Paris aussi ?

DANY
Non, à Varsovie.

LA MERE
Ah, j'ai eu peur ! … Dis-moi, elle étudie sérieusement ?

DANY
Évidemment !

LA MERE
J'espère qu'elle boit modérément ?

DANY
Très modérément.

LA MERE
Et qu'elle ne fume pas trop ?

DANY
Oh, si peu !

LA MERE
Et qu'elle a de bonnes fréquentations ?

DANY
Excellentes. La preuve ! *(Se désigne.)*

LA MERE
Mais quel genre de fille m'as-tu dégoté qui boit, qui fume et qui fréquente n'importe qui ! Dany ! Sans blague !

DANIEL
Sa technique était d'une redoutable efficacité. Je vous la recommande. Il lui suffisait de me faire rire d'une fille pour que mes sentiments pour elle disparaissent aussitôt. Voilà, aussi simple que ça. Ainsi ma mère triomphait à tous coups et gardait le terrain sans scène, sans drame. Juste deux bons copains qui rigolent...

Qui dit mieux ? Ce qui ne l'empêchait pas, en même temps, de chercher à *m'aider*.

LA MERE, *en compagnie de Golda.*
Golda chérie, c'est qui déjà ton coiffeur ?

GOLDA
Et toi, si tu allais le voir, mon coiffeur, tu aurais l'air sortable, pour une fois.

LA MERE
Ma chérie, devine !

GOLDA
Devine, devine ! Que veux-tu que je devine, encore ?

LA MERE
Je donne une grande réception, avec buffet, orchestre tzigane, chanteurs. J'invite toute la jeunesse. Tu viendras danser, j'espère.

GOLDA
Et comment, je viendrais danser ! Tu peux compter sur moi ! Mais dis-moi, en quel honneur tout ce tralala ?

LA MERE
En l'honneur de la bêtise de mon fils.

GOLDA

La bêtise de ton fils ? Mais, c'est pas lui qui a eu pour sa thèse la mention *épatante* ?

LA MERE

Eh bien, ce grand dadais si épatant pour les études, figure-toi qu'il n'est pas capable de se trouver une fille tout seul !

GOLDA

Il ne serait pas, par hasard ? *(Geste alterné de la main.)*

LA MERE, *comme recevant un choc électrique.*

Oï, Dieu épargne ! Bien sûr que non ! Mais comme toujours, je dois m'occuper de tout. Et me mettre en frais. Je ne le dis qu'à toi : ne le répète à personne !

GOLDA

Fais-moi confiance ! Tu me connais. Elle est pour bientôt ta fameuse sauterie ?

LA MERE

Samedi soir…

GOLDA, *qui feuillette son agenda.*

Samedi soir, samedi soir…

LA MERE

… dans six mois.

GOLDA

Comment ça, dans six mois ? Qu'est-ce que tu nous mijotes encore ?

LA MERE

Parce que, si d'ici là, je réussis à le marier, je pourrai toujours décommander.

DANIEL

Elle n'a pas réussi à me marier, mais elle a quand même décommandé.

Dany entre, tenant Suzie par la main.

DANY

Salut M'man ! Salut P'pa ! Je vous présente Suzie. Nous avons décidé de nous marier dès que possible.

La Mère tombe évanouie.

DANIEL

Ouais ! Un jour j'ai osé lancer ça ! J'ai fait mon petit effet. Faut dire que Suzie et moi, c'était le grand amour.

LA MERE

Ah bon ! Comme ça... sur le palier ! Dans les courants d'air ! Parfait, puisque c'est décidé... je suis heureuse... très heureuse ! Oï, si vous saviez comme je suis heureuse !

DANIEL
L'affaire était apparemment trop engagée et le coup
des copains ne pouvait pas fonctionner. Problème...

LA MERE
Mais entrez donc, Mademoiselle... Mademoiselle ?

SUZIE
Suzie.

LA MERE
Lucie, c'est vrai ! J'avais oublié. Vous savez, moi, les
prénoms un peu compliqués... Mettez-vous à l'aise.
Papa est si heureux de cette bonne nouvelle ! N'est-ce
pas, Papa ?

PAPA, *avec un grand sourire.*
...

LA MERE, *regard courroucé vers Papa.*
Ne vous étonnez pas, mademoiselle, mademoiselle... C'est l'émotion ! Comme moi ! Tout à fait
comme moi ! Asseyez-vous. Faites comme chez vous,
puisqu'*on* vous a dit que vous êtes de la famille.

SUZIE, *un cheveu sur la langue.*
Oh, Madame, Monsieur, je suis très touchée par votre
accueil si... chaleureux !

LA MERE
Écoutez-moi, ma chère… ma chère Sophie…

DANY
Suzie ! Tu le fais exprès ?

LA MERE
Oui ! Julie ! C'est si joli. Papa, tu t'en souviendras ?
Vous permettez que je vous appelle par mon prénom ?

SUZIE
Euh… Ben… C'est que… Si vous voulez…

LA MERE
Ne croyez pas que je sois une de ces mères abusives
qui ne supportent pas que leur fils aime une autre
femme qu'elle. Puisque mon Dany vous aime, je vous
ai…me et vous êtes ma f…ille. Je vous le dis de tout
mon c… c…œur.

SUZIE
Je ne sais comment vous remerci…

LA MERE
Eh bien, ma chère… ma chère enfant, comment allez-
vous-en ?

DANIEL
Alors commencèrent de subtiles manœuvres…

LA MERE, *qui entraine Dany à l'écart.*
Excusez-le, mademoiselle… ma chère Annie. *(Sur un ton enjoué.)* Ce sera bientôt votre tour de vous occuper de ses boutons. *(Elle entreprend de lui recoudre un bouton de chemise.)* Vous ne pouvez pas savoir comme il se néglige. Un vrai gosse ! Bientôt votre tour ! Je vous souhaite beaucoup de courage, beaucoup de courage…

DANY

Qu'est-ce que tu racontes ? Laisse donc mes boutons tranquilles, ils n'ont pas besoin de toi.

LA MERE

Mon chéri, tu as vraiment l'intention de l'épouser ?

DANY

Absolument ! Parle moins fort, s'il te plaît.

LA MERE

Elle est très jolie.

DANY

Je sais. Mais c'est très malpoli de…

LA MERE

Peut-être même… un peu trop jolie… si tu vois ce que je veux dire…

DANY

Non. Ce que je vois, c'est que tu exagères.

LA MERE

Mon chéri, tu es encore si jeune… Pour moi, tu seras toujours mon petit bébé.

DANY

Arrête ta comédie. Que va penser Suzie ?

LA MERE

Je m'en fous. Et d'abord, dis-moi, pourquoi as-tu besoin de te marier ? Quelle drôle d'idée ! Tu étais si beau dans ta layette rose ! Tu te souviens comme tu étais heureux quand je jouais avec ton petit pipi ?

Au comble de la honte, Dany se précipite sous la table et se frappe la tête sur le plancher. La Mère pousse Suzie, stupéfaite, vers la porte.

Excusez-le, Mademoiselle… Peggy. C'est les nerfs ! Ça l'a pris tout petit. Les docteurs ne savent pas ce que c'est. Mais moi, je sais : ça vient de son père, si vous voyez ce que je veux dire. Croyez-moi, partez, partez tant qu'il est temps !

Papa fait le geste de la retenir. En vain.

DANIEL

C'est ainsi que je n'ai pas épousé Suzie. M'man a triomphé une fois de plus et moi, j'ai passé des semaines, des mois, à ressasser plein d'idées vengeresses sur la révolution mondiale, sur le rôle d'avant-garde de la classe ouvrière, sur les rapports nécessaires entre la dictature du prolétariat et le dépérissement de l'État. Eh oui, il m'était tellement plus facile de libérer l'humanité entière que de me libérer moi de ma mère ! Enfin, revenons à nos leçons.

L'épreuve de vérité pour la Mère Juive, c'est le mariage de la Fille. Il importe pour la bonne marche de la société que vous transmettiez vos merveilleux pouvoirs à votre fille qui les transmettra elle-même à sa propre fille. Et ainsi jusqu'à la fin des temps. Le Destin du monde est ainsi entre vos mains. Mais il faut un mari. C'est bien dommage, mais c'est comme ça ! Donc, *Comment marier la Fille.*

Coup de sonnette à la porte.

ANNETTE, *surexcitée.*
C'est Jacques ! Je vais ouvrir ! C'est Jacques ! C'est Jacques ! C'est Jacques ! Je suis bien coiffée, dis vite ?

DANIEL
L'avantage avec une fille, c'est que vous pouvez voir et juger vous-même les jeunes gens qui viennent la chercher à la maison. N'ayez aucun *a priori.* Faites bon accueil !

LA MERE
Vous êtes juif ?

JACQUES

Oui, Madame.

ANNETTE

Maman, n'embête pas Jacques.

LA MERE

Écoutez-la, mais écoutez-la ! Elle veut m'empêcher de parler, ma parole ! Je t'embarrasse devant ton ami qui est sans doute le cousin de la reine d'Angleterre ?

DANIEL

Quelle actrice !

LA MERE

Dans ma maison et devant mon invité ! Excusez-la, Monsieur Jacques. Elle a son petit caractère ! Au fait, votre mère sait-elle où vous êtes ?

JACQUES

Certainement ! *(Clin d'œil à Annette.)* Je dis tout à ma maman.

LA MERE

Oh, mais il est chouette, ton copain ! Félicitations ! Dites-moi, Monsieur Jacques, vous avez bien vu ma fille ? Vous ne trouvez pas qu'elle a un visage à la Chagall ? *(Elle lui tord le visage.)* Vous connaissez Chagall.

JACQUES

Le peintre ?

LA MERE

Bien sûr, pas le fourreur !

JACQUES

Je vais voir toutes ses expositions… avec mes parents.

LA MERE

Et ses cheveux ? Vous avez vu ses cheveux ? Elle boucle naturellement ! Et figurez-vous qu'à cinq ans, elle a gagné le concours de grimaces de Pourim !

ANNETTE

Tu te tais, dis !

LA MERE

Et ses dents !

ANNETTE

Non, pas ça ! Je t'en supplie ! Tu me fais honte !

LA MERE

Deux millions, elle m'a coûté deux millions pour lui faire redresser les dents. Et quatre années chez l'ortho, chez l'hortho… le mécanicien dentiste, quoi, pour qu'elle puisse fermer la bouche.

DANIEL

Pauvre sœur ! On ne lui a jamais rien demandé, sinon de fermer la bouche.

LA MERE

Une très belle fille, mon Annette. Très belle, en vérité…

DANIEL

Portez l'attention sur une légère imperfection…

LA MERE

Elle n'a peut-être pas autant de poitrine que moi, mais avec le temps ça s'arrangera.

DANIEL

… voilà qui donnera sa crédibilité à votre envolée publicitaire.

LA MERE

Bien, que diriez-vous d'une petite boisson ? Je vous apporte ça. Soyez sages… *(Elle sort.)*

JACQUES, *avec fougue.*

Vite, Annette, un baiser ! Un petit baiser !

ANNETTE

Qu'est-ce qui te prend ?

JACQUES

Je t'aime, mon Annette !

ANNETTE

Pas sur la bouche !

JACQUES

Partout, Annette, partout !

ANNETTE, *qui l'écarte.*

Tu es fou ! Laisse-moi !

JACQUES

Je te caresse. Où est le mal ?

ANNETTE

Tu me gênes.

JACQUES

Ce que tu peux être coincée, ma pauvre Annette !
Chaque fois que je te prends la main, c'est comme si
je te violais.

ANNETTE

Tu ne comprends pas que je suis une jeune fille de
bonne famille.

JACQUES

C'est toi qui m'intéresses, pas ta famille. Ne me parle
plus de ta mère par-ci, de ta mère par-là. Mais toi, ce

que tu désires, je le sais bien, c'est la même chose que moi. Alors, Annette, sois simple, accepte de vivre, dis-moi des choses gentilles, embrasse-moi.

ANNETTE

Arrête, tu me fais peur !

JACQUES

Mais non ! *(Il l'embrasse.)*

LA MERE, *des verres à la main.*

Au revoir, Monsieur ! Votre mère vous attend ! *(Jacques sort tout penaud.)* Annette ! ! !

ANNETTE

Quoi ?

LA MERE

J'ai vu !

ANNETTE

Tu as vu quoi ?

LA MERE

J'ai vu ce que tu faisais.

ANNETTE

Et alors ?

LA MERE

Qui t'a appris ça ?

ANNETTE

Je fais ce que je veux ! Je suis majeure !

LA MERE

Ma chérie, nous sommes des gens modestes, mais respectables. Nous nous sommes toujours efforcés de t'élever dans le droit chemin et nous n'avons reculé devant aucun Sacrifice.

DANIEL

Les Sacrifices !

LA MERE

Comment oses-tu nous faire une chose pareille ?

ANNETTE

Quelle chose pareille ? On s'est juste embrassés !

LA MERE

Un type qui a peut-être la syphilis !

ANNETTE

Pincez-moi, je rêve !

LA MERE

Demain, sans faute, je te montre au docteur. Et Papa ? as-tu pensé à ce que dira Papa ?

ANNETTE

Rien ! Comme d'habitude.

LA MERE

Il fera une crise cardiaque ! je te le promets !

DANIEL

Si le pauvre Papa avait dû faire toutes les crises cardiaques promises !

LA MERE

Et les voisins, que diront les voisins ?

ANNETTE

Tu veux l'annoncer à la télé ? Vas-y, à la télé ! Te prive pas !

LA MERE

C'est pour ça que je t'ai fait redresser les dents ?
C'est pour ça que je t'ai payé des cours de danse ?
C'est pour ça que je t'ai payé des lentilles de contact ?
C'est pour ça que je me suis saignée aux quatre veines ?
C'est pour ça que...

ANNETTE

Chic, la crise de nerfs des jours de fête ! Kss, ! Kss !
Quoi, déjà finie ? Dommage.

LA MERE

Je ne sais plus quoi faire de toi...

ANNETTE

Justement, ne fais rien.

LA MERE

Pauvre de moi ! Ma propre fille ! Bientôt le trottoir !
Pourquoi suis-je maudite ? S'il te reste un minimum de
respect pour tes pauvres parents, tu n'as qu'une chose
à faire : quitte à l'instant la maison et ne rentre que
vierge !

DANIEL

C'était vraiment du beau travail ! Quel gâchis, ce jour-
là ! Le garçon n'a plus fait signe. Annette a fait une de
ces déprimes ! Du coup, elle ne mangeait presque plus.
Et ça a duré des mois, des mois…

LA MERE

Annette, chérie.

ANNETTE

Quoi encore ?

LA MERE

Juste deux mots.

ANNETTE

Si ce sont les mêmes qu'hier, je les connais par cœur :
« J'ai essayé d'être une bonne mère et j'ai échoué. »

LA MERE

Je suis ta mère et ne désire que ton bonheur : te voir
mariée et heureuse…

ANNETTE

En avant la rengaine ! « J'irai dans le cercueil en chan-
tant, si j'avais pu tenir dans mes bras un ou deux petits-
enfants. »

LA MERE

Pourquoi rester tout le temps à la maison ? Attendre,
tourner en rond, te morfondre. Ce n'est pas comme ça
que tu rencontreras un gentil garçon. Tu dois faire
quelque chose. Justement, j'ai une idée ! Tu veux la
connaître ?

ANNETTE

Non.

LA MERE

Mets une petite annonce dans le journal.

ANNETTE

Moi, mettre une petite annonce ? Plutôt crever !

LA MERE

Je savais bien que tu serais trop timide : rassure-toi,
Maman a déjà fait passer ta petite annonce.

ANNETTE

Quoi ? Tu as osé ? Non, tu plaisantes ! Dis-moi que tu plaisantes !

DANIEL

Elle ne plaisantait jamais, c'était ça le drame !

LA MERE, *montrant une coupure de journal.*

Écoute plutôt. « Jeune fille juive, bonne éducation, famille très excellente, aimerait rencontrer en vue mariage, gentil garçon juif, bonne situation, de préférence docteur ou avocat. » Pas mal, hein ?

ANNETTE

C'est ignoble ! Tu me vends par petite annonce ! Tu me traites comme un objet ! Comme un objet ! Mais j'ai mon mot à dire pour ce qui me concerne et je le dirai ! Je ne supporte pas d'être humiliée. Tu vas voir ! Tu vas me... Je vais te... Ça ne se passera pas comme ça !

LA MERE

Humiliation ? Quelle humiliation ? Pas du tout ! Je n'ai pas donné ton nom, juste un numéro et le journal transmettra. Où vois-tu une humiliation ?

ANNETTE

Encore heureux que Dany ne le sache pas ! Il se serait bien fichu de moi ! Et il aurait eu raison ! *(Elle sort.)*

DANIEL

Les vacances au Club, ça n'avait pas marché. Les frères et les cousins des copines, ça n'avait pas marché. Les quelques flirts qu'elle avait pu avoir, ça n'avait pas marché. Ça ne pouvait pas durer. Et comme après chaque crise, la nuit est passée, les nerfs sont tombés, et Annette se voyait toujours sans fiancé. Alors le lendemain, comme il y avait au courrier une lettre du journal, une fois de plus, elle a été faible.

LA MERE

Dany, tu vas être en retard.

ANNETTE

Maman, regarde ! Une réponse du journal !

LA MERE

Oï, mon cœur ! Ouvre vite ! Tu me rends folle ! Papa, laisse ton journal. Qu'est-ce qu'il est ? Docteur ? Avocat ?

ANNETTE, *lit la lettre, chancelle et d'une voix blanche.*
… C'est Dany…

DANIEL

Eh oui ! C'était moi ! Que voulez-vous, on se sent parfois tellement paumé. Ah, les beaux, les beaux souvenirs ! N'empêche qu'un jour Annette a fini par trouver son coup de chance.

ANNETTE

Maman, Maman ! J'ai rencontré Paul ! Je suis si heureuse ! Si tu savais comme il est gentil ! Et tu ne devineras jamais ce qu'il fait !

LA MERE

Comme les autres : *schnorer*, traîne-misère…

ANNETTE

Eh bien non ! Il est docteur !

LA MERE

… Un avocat est plus intelligent.

DANIEL

Le mariage de ma sœur fut un grand moment de la vie de ma mère : elle a rarement autant pleuré…
Ce mariage nous permet d'aborder, enfin, *l'art d'être une Grand-Mère Juive* ! C'est un art sophistiqué qui demande une maîtrise parfaite, car, même si vos enfants n'en sont pas conscients, vous êtes plus que jamais irremplaçable et votre expérience, qui a fait merveille jusqu'à présent, indispensable.

LA MERE, *regardant des photos.*

Tu sais papa, je me suis juré de ne pas intervenir dans les soins pour notre petit David ! … On ne m'empêchera pas de remarquer qu'ils ne le nourrissent pas assez, qu'ils ne le promènent pas assez, qu'ils ne le laissent pas assez dormir et qu'ils ne s'occupent pas assez de lui !… Mais, après tout, c'est leur enfant et ce sont des jeunes gens intelligents… Très bien, qu'ils fassent quelques erreurs ! Ce n'est pas grave. Ils apprendront ainsi. Et ils se souviendront de mes avertissements… Pourvu que ce jour-là, ce ne soit pas trop tard ! Qu'en penses-tu Papa ?

Papa sourit et pose la main sur l'épaule de sa femme. D'un mouvement vif, elle s'écarte. Il se renfrogne.

LA MERE

Quoi, tu ne dis rien ? Tu as changé, toi ! Tu ne réponds plus depuis que les petits sont partis. Tu devrais être content ! Moi, je suis si heureuse que notre Annette soit mariée et qu'elle ait un si beau bébé ! … D'accord, Daniel n'est pas marié, mais quelle tête ! Je connais bien une douzaine de jeunes femmes qui meurent d'envie de lui être présentées… Que te faut-il de plus ? C'est vrai, il ne vient que pour dormir de loin en loin… C'est comme s'il était parti, lui aussi… La maison est bien vide ! (*Elle crie.*) Mais dis quelque chose, je deviens folle dans ce silence ! (*Papa s'apprête à parler, mais…*) Heureusement que j'ai mon petit trésor adoré ! Non, vraiment, ils ne le couvrent pas assez… Tiens, j'ai une idée, un joli cadeau… (*Elle fouille dans un sac.*) Mais oui, c'est mon petit roi David qui va avoir chaud avec la canadienne de tonton Bernard !

DANIEL

Que vous dire de plus ? ... Il me semble que nous avons tout vu... Mais non ! Il nous reste une leçon ! Il y a encore la psychanalyse ! Ah, la voici votre ennemie, votre rivale, qui rôde autour de vos enfants comme une sorcière ! Protégez-les ! Dixième et dernière leçon : « *La Mère Juive contre la Psychanalyse* ». Moi, j'avais commencé la mienne après mon humiliation devant Suzie.

ANNETTE

Qu'est-ce que ça change dans ta vie, d'être en analyse ?

DANY

Ça change que je change.

ANNETTE

Tu n'en as pas l'air.

DANY

C'est comme la neige. Elle paraît éternelle mais, par en dessous, elle fond et un beau jour, c'est le printemps.

ANNETTE

Te voici bien lyrique.

DANY

Et toi, bien dépressive.

ANNETTE

C'est vrai… J'en ai marre… Vu de l'extérieur, tout va
bien et pourtant je ne suis pas heureuse. Pas vraiment… C'est comme si rien ne valait la peine… Je ne
comprends pas… J'en ai assez de crâner. Ça ne peut
pas continuer comme ça. Tu crois que… moi aussi…
je pourrais… faire une analyse ?

DANY

Évidemment, tu en es capable.

ANNETTE

Tu me la donnes, l'adresse de ton docteur ?

> *Dany sort un carnet de sa poche, montre une
> adresse à sa sœur qui la copie. Il oublie son
> carnet sur la table.*

DANY

Tiens, tu lui demandes un rendez-vous. C'est tout
simple.

LA MERE, *qui surgit.*

Un rendez-vous ?

ANNETTE

Au revoir Maman. J'ai rendez-vous avec un docteur.
(*Elle l'embrasse et sort.*)

LA MERE, *qui s'empare du carnet.*
Qui est ce docteur qui habite les beaux quartiers ?

DANY
Rends-moi ce carnet, s'il te plaît.

LA MERE
Tu es malade ? Notre docteur n'est plus assez compétent pour une personnalité comme toi ? Est-ce que tu aurais des secrets pour ta maman ?

DANY
Ça ne te regarde pas. Rends-moi mon carnet !

LA MERE
Mais écoutez comme il me parle ! On pourrait croire que je suis une étrangère pour lui ! Moi, sa mère !

DANY
Même si je t'expliquais, tu ne comprendrais pas.

LA MERE
Quoi ? C'est si grave ? Je veux tout savoir ! Dis-moi la vérité, mon chéri, mon trésor !

DANY
Mais non, ce n'est pas grave. Ma vie n'est pas en danger. Sèche tes larmes. Calme-toi à la fin.

LA MERE
Alors, c'est encore plus grave ?

DANY
C'est mon psychanalyste. Là, tu es contente ?

LA MERE, *retrouvant son accent yiddish.*
Tu veux dire un… *psychoanalyst* ?

DANY
Si tu préfères.

LA MERE
Et que fais-tu avec ce… *psychoanalyst* ?

DANY
Très bonne question ! Qu'est-ce que je peux bien faire
avec mon analyste ? Comment dire… euh… Je scie du
bois.

LA MERE
Il te paye, au moins ?

DANY
Non, c'est moi qui paye.

LA MERE
C'est toi qui payes ? Tu payes pour scier du bois ? Pour
scier du bois, il paye ! Dis-moi, c'est pour ça que, moi,

je t'ai payé des études ? C'est pour ça que, moi, je t'ai payé des…

DANY

Oh, arrête ton numéro ! Tu ne fais rire personne !

LA MERE

Mais qu'est-ce que c'est que ce docteur qui te fait scier du bois ? Et dis-moi, qu'est-ce que tu payes d'autre ? La sciure, aussi ? Tu m'emmêles la cervelle… Ah, j'ai compris ! Tu ne veux pas que je comprenne !

DANY

Écoute-moi, écoute-moi bien. La psychanalyse est une théorie inventée par Freud, un juif ! pour expliquer les problèmes psychologiques des gens et les aider à… disons… à en guérir. Tu me suis ? *(Elle fait signe que non.)* Eh bien, moi, je vais chez mon analyste pour essayer de surmonter mes problèmes. Voilà, c'est tout. N'en parlons plus. Rends-moi mon carnet.

LA MERE

Mon chéri, tu n'es plus un enfant. Je te parle comme à un adulte. Tu as des problèmes ? Et moi, avec un enfant comme toi, est-ce que je n'ai pas des problèmes ? Ton seul problème, crois-moi, c'est d'avoir coupé le cordon… *bilical*. Tu subis de mauvaises influences, permets-moi de te l'expliquer. Ton Freud, il a rendu malade le monde entier avec ses boniments. Œdipe, Chmœdipe, tout ça c'est des parlottes. Le principal, c'est d'aimer bien fort ta maman. Quel besoin as-tu d'un *psychoanalyst*, puisque je suis là, moi... Est-ce qu'un *psychoanalyst* peut t'aimer mieux que ta maman ?

DANIEL

Ce fut alors très...

LA MERE

Viens, mon chéri. On va la faire ensemble, tous les deux, cette *psychoanalyze*.

DANY

Lâche-moi ! Tu m'étouffes ! (*Il se dégage et sort.*)

LA MERE

C'est ton *psychoanalyst* qui t'a dit que j'ai la peste ?

Comme Dany sort, Golda et Maurice entrent.

LA MERE

On peut dire que tu tombes bien, toi. Il m'arrive un malheur !

MAURICE

Ah, tu es malade, toi aussi ? Raconte, tu m'intéresses.

GOLDA

Un rhume, rien qu'un rhume ! Il faut toujours qu'elle exagère. Ça va passer d'ici demain.

LA MERE, *lugubre.*
C'est mon fils. On lui fait une *psychoanalyze.*

MAURICE
C'est pas grave ! On m'en a fait une à moi aussi. Oui,
oui ! Sur les urines. Ça fait pas mal du tout.

GOLDA
Qu'est-ce que tu racontes, toi ? Va lui chercher un
verre d'eau et une aspirine. (*Il sort.*)

LA MERE
Cet enfant me rend folle. Je ne sais plus quoi faire avec
lui.

GOLDA
Écoute-moi. Crois-en mon expérience, je suis passée
par là. Eh oui ! Va le voir son *psychoanalyst* et raconte-
lui tout. En détail. Aide-le ce docteur, explique-lui avec
des mots simples comment s'y prendre, dis-lui ce qu'il
doit faire, dis-lui ce qu'il doit dire, et tout se passera
bien. Fais comme je te dis.

> *Maurice apporte un verre d'eau et une aspi-
> rine. Geste de dédain de Golda. Maurice
> avale l'aspirine.*

DANIEL
Vous devinez la suite : sans hésiter, ma mère est aussitôt allée chez mon analyste. Ce n'est pas du culot, c'est

de l'héroïsme ! Comme dans la chanson « *a yiddishe mame* ». Vous connaissez cette fameuse rengaine. *(Il chantonne.)* « Dans l'eau et les flammes, elle se jetterait pour son enfant… » Et j'en connais, Monsieur le ministre, qui ont reçu la Légion d'honneur pour moins que ça !

La Mère déboule dans le cabinet de l'analyste interloqué.

LA MÈRE

Asseyez-vous que je vous explique. Mon Dany est un brave garçon. Je ne dis pas ça parce que c'est mon fils, mais pour être objective. Seulement, il n'a pas de mémoire, voilà son problème, puisque vous soignez les problèmes. Et ça ne date pas d'hier. Quand il avait quatre ou cinq ans, il disait tout le temps : « M'man, quand je serai grand, je me marierai avec toi. » Je l'ai laissé dire, il ne fallait pas le traumatiser, comme on dit. Vous pouvez comprendre ça, vous ? Et maintenant qu'il est grand, pour me remercier, il oublie ses promesses. ! Qu'en pensez-vous ?

Le PSYCHANALYSTE

…

LA MÈRE, *troublée.*

Qui vous demande votre avis ? Analyste, chmanalyste! *(Elle sort.)*

DANIEL

C'est lui, mon chmanalyste, qui m'a raconté la scène.
La honte !

DANY, *qui s'allonge.*

Quoi ? (*Se redresse.*) Elle ? (*Tombe à la renverse, puis se redresse.*) Ici ? Pas possible ! (*Se rallonge.*) Et... si je peux vous poser une question... Qui a payé, elle ou vous pour qu'elle consente à partir ? Je m'attends à tout ! Quelle soit venue ici, c'est fort ! C'était déjà pas mal, un jour de manif à Saint-Michel... On avait les CRS aux trousses et, tout à coup, qui je vois qui court à côté de moi ? ELLE ! « Va pas me prendre froid, mon chéri ! » Et, tout en courant, elle m'a collé mon manteau sur le dos ! *(Il sort.)*

ANNETTE, *qui s'allonge.*

Je ne sais pas par quoi commencer... Vous ne posez jamais de question ? Pour aider ? Moi, mon fils, quand il me pose des questions, je lui réponds toujours ! Mon David, oï, lui au moins, je l'ai réussi ! Ce n'est pas parce que c'est mon fils, mais quelle tête, vraiment ! ... Quoi ? C'est moi qui dis ça ? Incroyable, je parle comme elle ! *(Elle sort.)*

DANY, *qui s'allonge.*

Et avec le premier argent de mon premier job, je vous le donne en mille, je lui ai offert un bijou ! ... Dans le fond, si elle nous a fait souffrir, c'est bien parce qu'elle avait souffert elle-même... que sa vie n'avait pas été

ce qu'elle avait espéré... qu'à travers nous elle essaye
en quelque sorte de se réparer... je comprends cela...
Comment lui en vouloir ? Mais en attendant, moi, je
ne m'en sors pas ! *(Il sort.)*

ANNETTE, *qui s'allonge.*
Naturellement que je suis heureuse d'être épouse et
mère, mais j'ai d'autres aspirations. D'ailleurs, je viens
de me trouver un travail passionnant qui me permet
d'exister aussi pour moi-même ! *(Elle se lève.)* Ah, docteur, pour ma dernière séance, tenez, je vous fais la
bise !

DANIEL
Elle s'en est bien sortie, ma grande sœur... Quant à
moi, apparemment tout me réussit, c'est vrai, mais
dans le fond j'ai le sentiment de piétiner... Et mon
analyse qui continue, qui continue... On peut dire que
mon psy et moi, bof, nous vieillissons ensemble !
J'avais une séance ce matin même, avant ma leçon
inaugurale... *(Il s'allonge.)* Qu'est-ce qui m'arrive ?
C'est sûr, elle va me refaire le coup de la soutenance
de thèse ! ... Rien que d'y penser je transpire, non je
grelotte... Non je... Que faire ? Je téléphone pour
dire que j'ai la jaunisse, c'est ça ! Et j'envoie un certifi-
cat médical ! Absurde, ils n'y croiront pas une seconde.
Ah, je sais ce que vous pensez, docteur... C'est vrai,
j'ai encore la trouille de ma mère ! Bon, d'accord ! J'y
vais... J'y vais !

*Il se lève et s'avance vers l'avant-scène, tandis
que le rideau tombe derrière lui : nous voici de
nouveau dans l'amphithéâtre.*

J'y suis allé. J'y suis ! Et vous, Monsieur le ministre,
Monsieur le doyen, Mesdames, Messieurs les professeurs, chers collègues, chers amis, vous savez tout.
Vous voici aptes à devenir de parfaites Mères Juives.
Alors, M'man, ça t'a plu ? Tu t'es reconnue ? En tout
cas, une fois de plus, tu m'as eu. Tu as bien fichu en
l'air ma leçon inaugurale et, du même coup, la belle
carrière que tu désirais tant pour moi. Eh bien, je te
remercie. Oui, je te remercie parce que, sans le savoir,
tu me rends service. Moi, dans le fond, je n'ai pas besoin d'être un héros. Je n'ai pas à être ton père, encore
moins ton Messie. C'est ma vie que je veux vivre à présent. Ma vie à moi ! Et puis, tiens ! Je t'annonce une
autre bonne nouvelle. Aujourd'hui, je quitte tout à fait
la maison et je pars vivre avec Suzie. Tu te souviens de
Suzie, celle qui était « un peu trop jolie » à ton goût ?
Elle t'embrasse ! Et il se pourrait… écoute bien… que
tu sois de nouveau grand-mère ! Qu'en dis-tu ? *(La
cherchant du regard.)* M'man ? … M'man, où es-tu ? …

LA MÈRE, *venant du fond de la salle.*
C'était bien, hein ! C'est mon fils ! Quelle tête il a, vous
ne trouvez pas ? Déjà à sa naissance, il avait une tête
de ministre ! À vrai dire, je ne sais pas ce qu'il a pu
vous débiter, mais si vous étiez restée chez vous à pré-
parer le petit-déjeuner de demain et celui d'après-

demain, vous n'auriez pas perdu votre temps, comme vous venez de le faire. Il peut vous faire croire n'importe quoi ! À vous, mais pas à moi. C'est moi qui l'ai fait ! Je suis sa mère ! Sa maman !

Bon, et puisque je suis de nouveau grand-mère, je m'installe chez toi pour garder le petit. Et crois-moi, je vais te rendre la vie agréable, mais agréable !

RIDEAU